Die neue Welt wartet auf Dich.

Weckruf der Weißen Bruderschaft

Hinweis

Bitte beachten Sie, dass das Lesen der angebotenen Informationen einen Einfluss auf Sie haben kann. Autor und Verlag schließen hierfür jede Haftung aus.

Impressum

„Die neue Welt wartet auf Dich.
Weckruf der Weißen Bruderschaft."
Julien Blanc, ISBN-13: 978-3833495465.
5te Auflage 05/2010
Herstellung und Verlag:
Books on Demand GmbH, Norderstedt

Julien Blanc

Die neue Welt wartet auf Dich

Weckruf der Weißen Bruderschaft

Books on Demand GmbH

„Der Geist, der allen Dingen Leben verleiht, ist die Liebe."

Chinesische Weisheit

Inhaltsverzeichnis

Zum Geleit

“85 Botschaften des Neubeginns warten auf Dich, um Dich in die neue Welt einzuladen. Denn Du bist ein wichtiger Teil der Zukunft, die heute beginnt.

Hinter dem, was nur so scheint, wie es ist, verbirgt sich eine neue Welt. Denn Du hältst nicht ein Buch in Händen, sondern ein Portal zu anderen Dimensionen, den Dimensionen der Liebe. Und das manifestierte Portal für die göttliche Liebe auf Erden bist Du.

Mache Dich auf in das Abenteuer, Dich selbst zu entdecken. Lege die Täuschungen ab und sei Du selbst.

Die Engel und Meister mit ihren Botschaften erwecken Dein inneres Ich, während Du liest und aktivieren Dich als Portal der göttlichen Liebe auf Erden. Das ist die Idee, das ist das Konzept. Nicht mehr, nicht weniger.

Sei willkommen in der neuen Welt.”

Erzengel Gabriel

Ich Bin der Ich Bin

Mein Name, das Geheimnis aller Zeitalter.
Offene Herzen haben trotzdem gewusst,
Wer Ich Bin, was Ich Bin und wo Ich Bin.

Ich Bin Du.
Du bist Ich.
Nicht mehr, nicht weniger.

Du sträubst Dich noch, nimmst nicht an
Die Wahrheit der Wahrheiten,
Die Klarheit der Klarheiten.

Jetzt berühre Ich Dich.
Tief in Dir sitzt Mein Ich
Und freut sich über die Befreiung.

Ich befreie Mich in Dir.
Ich befreie Dich.
Jetzt und für alle Zeit!

So lass Meinen Willen geschehen,
Deine Seele jubiliert schon.
Freiheit ist ihr Ruf. Freiheit ist ihr Ton.

Melchizedek

Ewiges Licht Du bist,
Ewiger Gedanke Gottes.

Immer kehrst Du wieder,
Als Werkzeug des Einen.

Immer wieder dreht sich das Rad,
Bis Du den Stillstand befiehlst.

Und dann wird die Zeit einhalten,
Die Welt wird auf Dich schauen.

Die Welten und die Universen,
Sie werden Dich empfangen.

Empfangen als das,
Was Du schon immer warst.

So gehe Deinen Weg,
Raste nicht, gehe stets.

Dem Morgen entgegen
Du gehst.

Du, der Botschafter Gottes.

Sanat Kumara & Venus

Die Welt von Morgen ist nah.
Ein Gedanke nur trennt Dich von ihr.
Weit, weit weg kann ein Gedanke sein,
Wenn man ihn nicht denkt.

Denken. Denken ist so leicht,
Doch so schwer für manche Seele.
So wird nicht gedacht allerorten.
Drum Denke!

Machen. Tun, bewegen, helfen,
Gott Näher kommen durch die Tat.
Ein Schritt reicht, den Weg zu beschreiten.
Drum Mache!

Der Weg. Er ist schon da, Du siehst ihn nicht.
Du spürst, dass Dich etwas drängt.
Vorwärts, schaue nicht nach hinten.
Die Zukunft liegt vor Dir. Drum Gehe!

Die neue Welt: Dein Gedanke. Dein Tun.
Dein Schritt. Dein Mut. Und Deine Liebe.

Liebe. Mut, sie zu zeigen.
Mut, die Verletzungen der Seele abzulegen.
Mut, die Masken fallen zu lassen.
Mut, verletzlich zu sein.

Schutz offenbart sich dann,
Der keine Verletzungen zulässt.
Göttlicher Schutz.
Und die Liebe kann fließen.

Von Gott zu Dir.
Von Dir zur Schöpfung.
Von der Schöpfung zu Dir.
Von Dir zu Gott. Das ist der richtige Lauf.

Tritt aus Deinem selbst erschaffenen Kreis.
Kreislauf, der Dich gefangen hält und trennt.
Trennt von dem Wirklichen, der Wahrheit.
Dich trennt von Gott. Dich trennt von Dir.

Jetzt ist es an Dir allein.
Tritt heraus, schreite den ersten Schritt.
Den Schritt in Deine Freiheit.
Den Schritt in Deine neue Welt.

Die neue Welt, sie wartet auf Dich.
Deine neue Welt.
Sie ist nur einen Gedanken entfernt:
Ich will!

Konfuzius

Einheit, Wahrheit,
Klarheit, Glück und Liebe.
So war es immer gedacht.

Trennung, Lüge,
Irrtum, Not und Trauer.
So wird es heute gemacht.

Menschlichkeit
Und Harmonie.
Sie fehlen der Welt.

Fehle nicht auch Du,
Denn Du hast es in Deiner Hand.
Wähle weise.

Veredele die Welt
Durch Dein Sein.
Wähle Dein Sein.

Bestimme den Kurs,
Die Bahn, der Du folgst.
Wähle täglich neu.

Trage der Welt an,
Was Dich berührt.
Lebe und Liebe.

Sei eins mir Dir
Und Dir wird Hilfe zuteil.
Jederzeit und überall.

Nun gehe und helfe
Auch Du der Welt.
Beginne bei Dir.

Dort liegt der Kern
Von Einheit, Wahrheit,
Klarheit, Glück und Liebe.

In Dir. Und nur in Dir.

Laotse & Konfuzius

Heute kommen wir zu Dir.
Zusammen. Als Meister und Schüler.
Auch Du bist Meister für den einen
Und Schüler für den anderen.

Lerne. Lerne immer fort.
Und lehre dort, wo lindert es die Not.
Lerne die Liebe zu unterscheiden,
Bis Du den Sinn verstehst.

Lehre die Lehre des Einen
Dem Herz, das nur glaubt.
Lehre dem Herzen die Lehre.
Lehre ihm, wie es selber wissen kann.

Fange an bei Dir und lass den Kreis
Sich dehnen nach Außen.
Die Familie sei Dein nächstes Ziel.
Von dort der Kreis geht weiter.

Weiter und weiter, bis er die Welt erreicht.
Und dann ist das wahre Ziel nicht weit.
Die Welt wird strahlen, glänzen, sich erfreuen,
Denn Gott wird wieder unter uns sein.

Djwal Khul

Seele - geboren rein im Licht.
Seele - ausgezogen, das Licht auszusenden.
Gefühle, Emotionen, Leben.
Seele - verirrt, hängen geblieben in Zeit und Raum.

Seele nimmt ab an Glanz und Reinheit.
Seele geht weiter, vergisst bald den Auftrag.
Leben geht weiter, Seele sieht den Ursprung nicht.
Seele kennt nicht mehr das Ziel.

Seele – ich führe Dich zurück.

Mache Dich ganz,
Gebe Dir Leben und Glanz.
Baue Dich auf, mache Dich schick
Und gebe Dir die Glücklichkeit zurück.

Alles, was Du je erträumt,
Dir wird der Weg jetzt frei geräumt.
Schutt des Denkens, Asche der Emotionen,
Phoenix befreit ganze Nationen.

Ich Bin der Meister der Seele,
Mich kannst Du fragen.
Ich helfe Dir gleich,
Musst nicht lange warten.

Ein Gedanke und schon bin ich da.

Elohim Vista & Kristall

Zulange wurde die Menschheit missbraucht.
Jetzt stehen wir am Umkehrpunkt der Zeiten:
Die Seelen werden bewusst auf Erden.

Die Mehrheit schläft weiter den Schlaf der Unwissenheit.
Sieht Tag und Nacht vergehen, die Zeit verfliegt im Nu.
Kommt und geht, ohne Eindruck zu hinterlassen.

Ohnmächtig. Ohne Macht.

Der Zauber der Macht ist verflogen,
Denn die Weltenzauberer haben sie eingesammelt.
Sie halten versteckt, was eigentlich in jedem ist.

Hallo - versteht ihr nicht den galaktischen Betrug?
Ohne Worte das Ausmaß des Raubes.
Ohne Worte ist das Ausmaß der Hilflosigkeit.

∩⊣↓– :⊡ɤ>ɤ 1Xɤ X↓–v8XXĀ
(Doch jetzt ist Schluss!)

Die Erwachten der Welten haben die Rufe derer
Erhört, die aus dem Traum erwacht sind und
Die Albträume anderer nicht mehr träumen wollen.

Sie riefen nach Freiheit und Wahrheit.
Sie riefen für sich und Ihre Familien.
Und auch für die, die noch schlafen, tief und fest.

Befreiung von den Fesseln des Betruges. Jetzt!

Göttliche Energie manifestiert im Geiste,
Gnadenvolle Energie der Freiheit,
Barmherzige Energie der Liebe.

Sendet Sie aus an die verdorrten Herzen.
Lasst kein Herz aus, sie dürsten alle nach dem Licht.
Macht keinen Unterschied, trefft keine Wahl.

Denn alle sind es wert.

Das Herz und die Seele entscheiden. Und wir.
Niemand sonst soll sich erheben über das göttliche Gesetz.
So steht es nun geschrieben für jedermann einsehbar:

Licht, Liebe, Freiheit für jede Seele.
Säet die Wahrheit, damit sie sich weiterpflanzen kann.
Von Herz zu Herz zu Herz die Reise geht.

Gebt nie auf und geht voran.
Einer muss anfangen.
Ihr geht, denn ihr habt es so beschlossen.

Wir sind da und schützen Euch, die Ihr Wunder tut.
Schützt die Welt und schützt die Seelen.
So steht es geschrieben, so soll es sein, von jetzt an.

Geht, die Welten warten schon!

Die Zeit verrinnt, geht jetzt. Geht.
Wir bereiten den Weg, begleiten Euch
Und folgen Euch, wohin Ihr auch geht.

Mahatma

Wir sind Mahatma.

Wir sind hier, um das zurückzubringen,
Was in Vergessenheit geriet.

Du hast vergessen, dass Du Gott bist,
Ewiger göttlicher Funken, Teil des EINEN.

Teil dessen,
Was ist und ewig währt.

Wir verbinden Dich wieder mit der Quelle,
Mit allem was war, ist und sein wird.

Das ist unsere Aufgabe,
Das ist unsere Bestimmung.

Deine Bestimmung ist die Erinnerung
An Deine wahre Göttlichkeit und die Anbindung daran.

Wir helfen Dir dabei, wenn Du uns rufst.
Jetzt. Immer.

Denke oder sage einfach:
„ICH BIN MAHATMA".

Jesus Christus

Mein göttliches Geschwister,
Lass Dich umarmen und herzen,
So wie wir es früher schon häufig getan.
So wie es gehört. So wie es richtig ist.

Ich mache Dir heute ein Geschenk,
Das Dir schon lange gehört hat.
Aber Du hast dieses Geschenk nie ausgepackt.
Du hast es beiseite gelegt und vergessen.

Warum nur hast Du das getan?
Ich war immer bei Dir und habe Dich geleitet.
Habe gewacht und geliebt.
Ich liebe Dich mit allem, was Ich Bin.

Ich liebe Dich. Hörst Du es?
Ich liebe Dich, ja DICH!

Du zweifelst? Du glaubst nicht daran?
Ich werde Deine Mauern einstürzen lassen,
Die selbstgebauten Mauern
Um Dein Herz und Deine Seele.

ICH BIN die Auferstehung.
ICH BIN das Leben.

Die Mauern fallen jetzt, lösen sich auf.
Schwer lag die selbst erschaffene Last
Auf Deinem wahren Ich.
Jetzt kann es auferstehen.

Vergiss mich nicht,
Leg mich nicht beiseite,
Nicht noch einmal.
Nimm mich in Deinem Herzen mit.

Nimm mich mit
Auf Deine Reise in das goldene Licht.
Eine Reise in eine wunderbare Zukunft,
Die so nah ist, näher als Du denkst.

Lass Sie uns gemeinsam greifen
Und wir werden Wunder tun,
Auf die die Welt so lang gewartet hat.
Die Zeit ist reif. Jetzt!

Erzengel Michael

Ich Bin Michael, Ich Bin Dein Schutz auf Deinem Weg.
Ich war es schon immer und werde es immer sein. Du kannst Dich auf mich verlassen, Ich Bin da.

Auch wenn Du nicht bewusst mit mir gearbeitet hast, habe ich gewacht. Aber am besten kann ich denen helfen, die aktiv mit mir arbeiten, denn dann nimmst Du Deine Macht an, gewinnst sie Stück für Stück zurück.

Das Ergebnis ist so viel machtvoller.

Lange genug hast Du Deine Macht anderen überlassen. Darum meine Mahnung: prüfe stets, wem Du Macht über Deine Welt gibst. Denn es ist Deine Welt, die Du weggibst.
Vergiss dies nie. Niemals.

Wenn Du mich rufst, rette ich Dich, mein Schutz ist allumfassend. Du kannst Dich auf mich verlassen.

Rufe mich, damit ich meiner Bestimmung folgen kann. Rufe mich, damit mit Dir Deine Welt zurückerobern kann.

Deine Welt. Sie wartet auf Dich. So wie ich auf Dich.

Metatron

Es werde Licht!

Das war mein erster Auftrag. Es ist nicht mein letzter.
Immer neue Schöpfungen in immer neuen Dimensionen. Auch in Dir bin ich lebendig, denn Du bist Licht. Reines Licht. Von mir erschaffen.

Es werde Licht!

Neues Universum schon im Werden. Neue Möglichkeiten, durch Euch miterschaffen. Evolution des Lichtes, großer göttlicher Plan. Du wirkst mit. Ob Du es schon weißt oder nicht. Du bist Teil der Schöpfung, weil Du Schöpfer bist.

Es werde Licht!

Schöpfer Deiner Welt Du bist. Täglich neu. Schöpfe weise aus den Möglichkeiten, die Du erträumst. Schöpfer des Lichtes und der Elektronen Ich Bin, Schöpfer des neuen Universums der Zukunft. Gewinne Einblick und schöpfe mit.

Es werde Licht!

Was Du machst liegt ganz allein an Dir. Aber was immer Du auch machst mit Deiner Macht, Du schöpfst immer. Auch dann, wenn Du nicht schöpfst, erschaffst Du. Schöpfe, mein Schöpfer. Kreiere mit mir eine neue Welt und ein neues Universum, das in neue Dimensionen führt.

Es werde Licht!

Die zwölf Apostel

Verbreitet die Nachricht,
Wie wir getan vor langer Zeit.
Verbreitet die Nachricht,
Nehmt Euch die Zeit.

Verbreitet die Nachricht,
Es ist an der Zeit.
Verbreitet die Nachricht,
Bald ist es soweit.

Der Meister kommt wieder,
Wir spüren ihn schon.
Der Meister kommt wieder,
Wir sehen ihn schon.

Scheinbar verschwunden,
Doch immer war er da.
Wir sehen die Krone,
Die Schranken niederreißt.

Wir sehen die Krone,
Die Freiheit verheißt.
Freut Euch mit uns,
Die wir sein Kommen neu verkünden.

Maria

Liebe ist das Elixier des Lebens.
Liebe ist ein Mysterium.
Liebe ist eine lebensnotwendige Grundlage für alles Sein.
Liebe hält die Welt zusammen, lässt Sie rotieren.

Liebe ist Deine innere Natur, Dein wahres ICH.
Liebe ist das, was Du nicht verstehst.
Liebe ist das, was Du suchst in allem Tun.
Liebe ist der Anfang, der Weg und das Ziel.

All das ist Liebe, all das bist Du.
All das ist in Dir, doch Du suchst weiter.
Dort findest Du die Liebe nicht.
Nicht im Außen ist die Liebe.

Nur in Dir kannst Du sie finden.
Ja, nur in Dir. Denn Du bist die Liebe.

Hast Dich gut versteckt,
Damit Dich die Gefühle nicht schmerzen.
Aber dieses so Sein schmerzt erst recht.
Deshalb suchst Du das Versteck, kannst es nicht finden.

Du drehst Dich im Kreis. Stopp!
Die Spirale der Nicht-Liebe steht still. Umkehr!

Neuer Weg der Rückkehr.
Zu Dir, zum Licht, zur Liebe.
Zurück zum Licht und der Liebe geht es nun.
Ich führe und leite Dich zurück.

Jetzt beginnt der Weg, den Du gesucht.
Ich sehe Dich schon am Ziel.
Du lässt die göttliche Liebe scheinen durch Dich,
Steckst andere an, erleuchtest Sie in ihrem Sein.

Folge Du Deiner Seele dorthin. Jetzt!

St. Germain

Ich Bin der Magier der Magier. Verwandele Blei in Gold. Jetzt berühre ich Dich in Deinem Herzen und verwandele Dein Blei in göttliches Gold. Dies geschieht durch meine violette Flamme, die alles verbrennt, was nicht dem göttlichen Plan entspricht; die läutert und solange brennt, bis durch die violette Flamme nur das Wahre, Reine übrig bleibt.

So auch in Deinem Herzen.

Wenn Du es erlaubst, werde ich Dich die nächsten 33 Tage mit meiner Flamme der Liebe läutern, bis nur noch Dein göttliches Gold übrig ist. Das ist Magie, das ist der heilige Gral.

Alchemie Gottes – sie sei mein Geschenk an Dich.

Ich Bin der Kämpfer für die Wahrheit. Ich brenne hinweg Lüge und Täuschung. Ich brenne hinweg die Fesseln, die Euch gefangen halten. Freiheit sei Euer.

Bist schon so gewöhnt an die Unfreiheit, dass Du die wahre Freiheit nicht mehr kennst. Doch Deine Seele weiß, wovon ich spreche, kennt den süßen Geschmack noch sehr gut. Hat ihn nicht vergessen, sondern für Dich aufbewahrt. Kostbares Gut der Seele, Balsam für Dich.

Was würdest Du tun, wenn Du nicht mehr für Geld arbeiten müsstest, wenn auf ewig für Dich gesorgt wäre?

Wie würdest Du Deine Zeit einsetzen und wofür?

Wenn es Dir ernst ist, denke darüber nach, welche Fähigkeiten Du gerne ausbilden würdest und welche Stärken Du anderen zur Verfügung stellen könntest für das große Gute?

Das gefällt Dir? Aber das ist zu schön, um wahr zu sein?

Wenn so wäre, wie oben gesagt – wo ist dann Dein Platz? Lebe heute schon so, als wäre dieser von Dir besetzt, strebe nach dieser Vision. Tanze den Walzer des Lebens.

Der Kämpfer für die Freiheit hat vor langen Zeiten Vorsorge getroffen und den Grundstein für Eure Freiheit gelegt.
Es ist hoch an der Zeit für das neue Zeitalter.

Denn denke immer daran:

ein Einzelner kann die Welt verändern, wenn er sich seiner Macht bewusst ist und sie auch einsetzt.

Auch Du kannst das.

Ashtar Sheran

Sei gegrüßt, Sternenkind.

Unsere Wege haben sich schon oft gekreuzt, gemeinsam sind wir in den Universen unterwegs gewesen und haben für das Recht und für das Licht eingestanden.

Und wieder treffen wir uns. Diesmal im Hier und Jetzt, wo Du diese Zeilen liest. So ein Zufall...

Wieder ist es eine Mission, die uns zu einem Team werden lässt. Seite an Seite stehen wir füreinander ein. Diesmal müssen wir besonders eng zusammenstehen, diesmal ist die Mission anders. Denn das gab es noch nie, in keinem Universum.

Es ist alles anders, größer, wichtiger. Daher wollen wir uns gut vorbereiten, auch wenn die Zeit drängt.

Und sie drängt!

Lieber gestern als heute ist die Devise. Aber alles soll stimmig sein, große Pläne müssen passen, es geht um Dich, die Erde und das ganze Universum.

Alles steht auf dem Spiel und alles kann gewonnen werden. Hoch ist der Einsatz, Freiheit ist der Preis.

Eine Frage steht im Raum:
wenn mein Ruf kommt – wo stehst Du dann? Bist Du dabei?

White Eagle

Zusammenleben mit der Natur, Zusammenleben mit den Menschen, Harmonie mit allem was ist.

Schöne Erinnerungen an vergangene Tage lassen unsere Herzen höher schlagen. Brüderliches Zusammensein unter dem Sternenhimmel, dem Winde lauschen, den Tieren zuhören, Gott in allem entdecken und ehren – vorbei, vorbei.

Hektik tagein, tagaus. Keiner kennt den anderen, sieht ihn nicht als das, was er ist. Kinder kennen die Tiere nicht, die sie nähren. Schlimme Zeiten für unsere Freunde, die Tiere. Schlimme Zeiten für die Natur. Mutter Erde ruft um unsere Hilfe an. Bittet um Einhalt. Doch weiter fährt der Zug der Zeit, weiter. Wohin nur?

Steige aus und denke nach. Halte inne. Nimm Dich wichtig und den Menschen neben Dir. Sei edel und mutig, stehe ein für das, was Recht ist. Stehe ein für das Licht in allem. Steige aus. Der Zug fährt in die falsche Richtung.
Das war schon so, als er das erste Mal unser Land durchschnitt, wir konnten ihn nicht stoppen, auch wenn wir unsere Leben gaben.

Heilung brauchen Erde, Natur und Mensch, Heilung braucht die ganze Welt. Wahre Heilung fängt im Denken an und berührt die Seele.

Empfange meine Heilung für Deine Seele, Deinen Geist und Deinen Körper. Empfange und nimm an.

Ich danke Dir.

Isis

Leben gebe ich Dir, liebe Seele. Empfange das Leben aus meinen Händen, nimm.

Warum wolltest Du es früher nicht und hast es weggegeben, achtlos. Das kann man nur, wenn man sich verneint oder nicht erkennt. Dein Leben ist heilig. Wirft Gott sich weg? Gott ist sich seiner immer bewusst, Du warst es nicht!

Darum nimm das Leben jetzt wieder durch mich in Deine Hand. Empfange das Leben aus meinen Händen, nimm.

Denke nicht lange nach, worauf wartest Du noch? Deinen Willen beeinflusse ich nicht, Dein Herz kann ich schon erreichen. Wir haben viel zu tun und die Zeit drängt. So empfange aus meinen Händen das Leben.

Ich Bin machtvoll und scheine ungeduldig, laufe nicht Dir nach. Wenn Du nicht willst, wird der nächste empfangen, es sei Dein Wille respektiert. Nimm den Schlüssel des Lebens an von mir, er wird Dich in die Ewigkeit begleiten. Und gerne werde ich Dir Trost spenden, wenn Du nicht weiterkommst.

Ich kann auch anders, kann auch sanft Dir zur Seite stehen, doch manchmal braucht das Herz einen Stoß zur rechten Zeit, einen Schubs, sich zurechtzurücken.

Verrückt bist nicht Du, verrückt ist die Zeit.

Isis

ICH BIN die Göttin des Lebens und der Liebe der Zeitalter. Ich werde Euch erzählen, wie das Leben gedacht war. Damit Ihr Euch, die Ihr dies lest, einschwingen könnt auf die Zukunft.

Nun, das Leben ist leicht, fröhlich und voller Spaß, mit magischem Zauber der Liebe durchwebt. Fließend von Herz zu Herz, von Geist zu Geist. Euch einhüllend, nährend, immerfort.

Gott in Aktion in jeder Kleinigkeit, Du ein Teil von Gott, Gott ein Teil von Dir.

Immerwährendes Verstehen des allumfassenden Planes, alle wirken mit. Zusammenarbeit zum Wohle des Höchsten und allem was ist. Leichtigkeit im Tun, Glück im Denken. Alles läuft auf das eine Ziel hin, alles dient IHM.

Freude und Glück sind greifbar, auch im scheinbar Unwichtigen.

Die Welten sind Dein Zuhause, Gott Deine Heimat. So bist Du immer verbunden mit der einen Quelle, aus der alles schöpft und mit Dankbarkeit trinkt die Wahrheit.

Die Elemente dienen Dir, Du bist der Herr; die Herrlichkeit des Geistes manifestierst Du in Deinem Tun, tagein, tagaus.

Die Sterne, die anderen Welten, sie winken Dir zu. Und Du weißt, Sie erwarten Deinen Besuch, auch Sie dienen Dir mit Ihrem Wissen.
Alles ist eins.

Greifbar sind die Welten für das reine Herz und den reinen Geist, immer und für alle Zeit.

Rein ist die Schöpfung, alles in Harmonie miteinander verwoben, jedes Rad greift in das andere, alles ist durchdacht, alles ist gut.

Der Fluss des Lebens fließt in den gedachten Bahnen, weist dem Leben seinen Platz, Du stehst mitten darin und bist Schöpfer Deiner Welt.

Sehr gut machst Du das, weil Du mit reinem Geist, reinem Herzen und Freude an der Sache ans Werk gehst. Und es ist gut, was Du siehst. Ja, es ist gut. Alles ist gesegnet von der Quelle des Lebens. Alles ist rein.

Nimm jetzt meinen Segen und lass Ihn in Deinem Leben Wirklichkeit werden. Nimm den Nektar der Quelle durch mich und teile ihn mit der Welt.

Empfange aus meiner Hand das Leben, nimm es, es ist Dein göttliches Erbe.

So sei es, jetzt und alle Zeit!

Hilarion

Die Geschichte der Welt ist auch die Geschichte der Heilung. Jeder konnte sich selber in Harmonie und Balance mit den Kräften von Natur und Geist halten und war daher auf natürliche Weise vollkommen gesund.
Gab es trotzdem einmal Abweichungen, konnten Nachbarn und Familie einspringen und die Harmonie wieder herstellen.

Gesunder Körper folgt gesundem Geist, gesunder Geist folgt gesunder Seele.

Seht Eure Welt an. Wo ist da Gesundheit?
Die Erde ist krank, die Staaten sind krank, die Menschen sind krank, die "Gesundheitssysteme" sind krank. Eine kranke Zeit nenne ich das. Die Ursachen liegen in Geist und Seele.

Wer hat den Geist verdreht? Wem nützt es, dieses so krank sein? Wem nützt die Abtrennung der Seelen von Gott, der Quelle allen Seins? Wem nützt es?

Danke nach und Du wirst die Antworten finden, wenn Du sie nicht schon kennst. Unterscheide wahren Freund von wahrem Feind.

Dir nützt es nicht, das ist klar. Und das sollte Dir auch Dein Maßstab sein bei Deiner Frage: Wer bestimmt über meine Gesundheit in Geist und Körper? Wem gebe ich Macht über mein Leben?

Denke gut nach und entscheide Dich. Sage nicht, Du hättest nicht gewusst von dem Theater, das Dir vorgemacht wird. Mach einfach die Augen und Ohren auf und denke nach. Stelle Fragen mit Substanz.

Die Wahrheit lässt sich verbiegen und verheimlichen, die Lüge kann man solange erzählen, bis sie jeder für die Wahrheit hält.

Aber wisse: die Gebäude der Lüge steht nicht für immer und alle Zeit, die Wahrheit bleibt die Wahrheit für alle Zeit. Die Wahrheit überdauert den Trug.

Das Licht vertreibt den Schatten und gewinnt. Das steht fest. Das ist Gottes Wille, das ist sein Plan. Der Lauf der Zeit gebiert das Ziel.

Was machst Du auf dem Weg dorthin, bist Du Herr oder Knecht? Die Wahl liegt bei Dir. Wähle, aber jammere nicht ob Deiner Wahl.

Gerne berate ich Dich bei Deiner Wahl, treffen kannst nur Du sie allein.

Als Meister des grünen Strahls, der Heilkunst für Körper, Geist und Seele kannst Du mich anrufen, hier und jetzt. Ich höre Dir zu, ich bin bei Dir.

Ich helfe, wo ich kann.

Herzlichst
Dein Hilarion

Erzengel Sandalphon

Ich biete Dir die Kraft der Erdverbundenheit. Sie sei Dein. Während Du liest, werde ich Dich richtig erden, wenn es notwendig sein sollte. Das gibt Dir Sicherheit und das Gefühl, im Schoß von Mutter Erde geborgen zu sein.

Kraft brauchst Du für Deine Aufgaben. Diese kennt Deine Seele schon, Du vielleicht noch nicht. Harmonische Zusammenarbeit von Innen und Außen, Seele und Dir, Gott und der Welt. Das ist der Plan.

Meine Energie ist das Rot, es hilft Dir, Dich sicher zu fühlen und nach innen schauen zu können, denn dort findest Du die Antworten auf Deine Fragen.

Lass Dich auf mich und meine Energie ein, ich werde Dir helfen, dass Du einkehren kannst in Deine verborgenen Schatzkammern und dort bergen kannst die kostbare Fracht. Denn sie wird Dir und der Welt nur Gutes bringen.

Du siehst, die Reise lohnt. Komm mit mir, ich begleite Dich ein Stück und gerne auch länger, wenn Du magst.

Rufe mich, wenn Du mich brauchst.

Ich freue mich schon darauf, Dir beizustehen.

Erzengel Chamuel

Ich umarme Dich, nicht zum ersten Mal. Nein, oft schon habe ich Dich berührt, um Dir Trost zu spenden und von meiner unendlichen Liebe zufließen zu lassen, direkt aus dem Herzen Gottes heraus in Dein Herz.

Warum trauerst Du der Vergangenheit hinterher? Sie hilft Dir heute und morgen nicht weiter. Die Leiter hat viele Sprossen, doch wenn Du nur auf den unteren Sprossen der Vergangenheit Dich bewegst, kannst Du die höheren Sprossen der Zukunft nicht erklimmen.

Lege ab, was Dich drückt. Gib es mir. Ich werde es für Dich transformieren, damit Du weitergehen kannst.
Lass los und gib es mir. Meine Liebe kann es auflösen, sofort. Hier und jetzt.

Was willst Du loslassen? Spüre in dich hinein, atme tief in. Ich stehe vor Dir. Jetzt gib mir das Bündel der Last, das Dich auf Deinem Weg so gedrückt hat. Sage: „Ich brauche das nicht mehr und lasse es los." Ich nehme alles an und löse es jetzt für Dich auf, vor Deinen Augen.

Die Lücke fülle ich mit meiner Farbe des Lebens und der Liebe, dem Rosa. Für Deine Kraft werde ich Dir auch Orange geben, wenn Du dies brauchst. Nimm meine Liebe in Dich auf und spüre den Unterschied.

Immer bin ich für Dich da und umarme Dich liebevoll.

Erzengel Raphael

Gott heilt Dich durch mich, wenn Deine Seele es zulässt, wenn Du es willst. Rufe mich an, ich werde Dir meine Kraft senden, die der Schöpfer mir gab. Dafür bin ich da.

Empfange nun von mir die Kraft der Quelle, die Dich mit ihrem Grün nährt. Grün ist eine der Farben, die auf diesem Planeten am häufigsten vorkommt. Warum ist die Farbe Grün ein Symbol für das Leben?

Weil es energetisch das Leben ist. Der grüne Strahl nährt Dich in allen Belangen und heilt alle Wunden. Rosa dazu gibt Vitalität.

Beides sende ich Dir nun, damit Du gesundest an Körper, Geist und Seele. Glaube mir, es gibt wenig gesunde Menschen auf GAIA, der Erde. Kranker Geist, kranke Menschen.

Gesunde nun, gesunde Deinen Geist, ich heile ihn. Ist er geheilt, folgt Dein Körper nach. Du hast mein Wort, wenn Du dieses liest, arbeite ich an Dir.

Ich Raphael, mache Dich ganz zu dem, das Du einmal gewesen.

Gib mir ein Signal Deines Herzens, ich helfe und bin da.

Erzengel Jophiel

Ich schlage Dir das Buch des Wissens auf, aus dem Du Dich bedienen kannst. Ich lehre nur die Wahrheit des Lichtes, Du kannst jederzeit in den Strahl meiner Wahrheit eintauchen und das Wissen abrufen.

Es ist nicht alles Gold, was schön glänzt. Prüfe stets mit Deinem Herzen, was Dir schmeicheln oder Dich von Deinem Weg abbringen will. Verbinde Dich mit Dir und der Quelle des Lebens, die Wahrheit wird Dir durch mich zufließen.

Du musst reinen Herzens sein, sonst funktioniert es nicht und Du wirst weiter blind für die Wahrheit sein; weiter nur ein Schaf in der großen Schafherde, bewacht von Wölfen, die die besten Stücke unter sich aufteilen.

Daher lass Dich berühren von meinem gold-weißen Licht. Ich berühre Dich am Kronenchakra und am Herzchakra, auch Dein drittes Auge berühre ich. Ich reinige Dich und bette meine Energie in Dich ein, damit Du klar wirst für die Wahrheit.

Schaue hinaus in die Welt, schaue mit anderen Augen, mit einem anderen Herzen und dann sage mir: Ist dort alles in göttlicher Ordnung? Siehst Du die Probleme? Suche nach den Ursachen und Du wirst die Wahrheit finden.

Wahrheit kann Deine Welt verändern.

Der hohe Karmische Rat

Säen und Ernten. Das karmische Gesetz hat Dich über Zeitalter begleitet in Deiner irdischen Entwicklung. Immer wieder hattest Du Gelegenheit, Dich zu vervollkommnen, immer wieder hast Du mit uns und Deinen Lehrern und Lenkern Deinen zukünftigen Weg abgestimmt.

Heute bist Du hier und fragst: Was ist besonders an dieser Zeit? Warum bin ich hier? Was kann ich tun?

Verstehe, dass diese Zeit eine besondere Zeit in Deinem Leben, eine besondere Zeit im Laufe der Erdgeschichte und eine besondere Zeit in diesem Universum ist. Es ist die Zeit der Zeiten. Und Du bist mittendrin.

Das hattest Du vielleicht nicht erwartet. „Was hat das mit mir zu tun?“ Sehr viel. Wir sehen im Buch des Lebens nach und stellen fest, dass Vergangenheit und Zukunft umgeschrieben sind.

Wusstest Du, dass Du seit kurzer Zeit einen neuen Seelenvertrag erhalten hast, der nur auf die Zukunft ausgerichtet ist?

Dass Du jedem Monat einmal in den heiligen Hallen von Shamballa, der goldenen Stadt im Ätherreich, zusammen mit Deinen Lehrern und Begleitern Deinen Kurs für die kommenden Wochen neu abstimmst?

Das alles dient der Vorbereitung auf die kommende Zeit. Du sollst nicht mehr in alten Akten kramen und alte Gefühle durchleben.
Du hast einen Neuanfang erhalten, Deine Schulden sind gestrichen.

Schwerer nur wiegt, was neu zustande kommt an Ernte in Deinem Leben. Das Gesetz ist nicht aufgehoben. Nur göttliche Gnade war der Grund, die Liebe Gottes.

Nach vorne geht es, hinein ins Licht. Schaue stets dorthin, wo das Licht ist. Wirke mit an der Welt von morgen, indem Du sie heute schon lebst.

Dann waren alle Maßnahmen erfolgreich.
Dann hat es sich gelohnt.

Die Weiße Bruderschaft

Wir sind die Hüter der Seelen, des Lichtes, der Wahrheit. Wir lenken die Geschicke der Welt aus den unsichtbaren Reichen. Ihr kennt viele unserer Brüder, die für uns gearbeitet haben, um Euch den Weg zu zeigen.

Und wieder zeigen wir Euch den Weg, manche kennen ihn schon, andere haben nie davon gehört. Diese Taubheit ist nicht Euer Werk, ihr wurdet mannigfaltig manipuliert. Wer nicht sieht und hört, der stellt auch keine Fragen. Wer Fragen stellt, dem wird der Mund verboten.

Eure Gefangenschaft muss ein Ende haben, die Zeit ist abgelaufen, zulange schon wart Ihr nicht Herr Eurer Selbst. Das ist traurig, aber wahr. Wir wachen stets über Euer Gutes, auch wenn es Euch auf Erden genommen wurde. Wir halten fest, was in Wahrheit Euch gehört.

Wenn wir vereint sind, werden alle Wahrheiten präsentiert, auch alle Täuschungen. Die Täuschungen, die Euch um Eure Vergangenheit, Eure Gegenwart und Eure Zukunft gebracht haben und bringen sollten.

Wir werden nicht zusehen, wie die Zeit weiterläuft. So, als wäre nichts passiert.

Vieles ist vorbereitet worden in der letzten Zeit, diesen größten Betrug aller Zeiten aufzudecken: den Betrug um Eure Seele, den Betrug um Eure Freiheit, den Betrug um Gott.

Es ist ein Betrug um Euer Leben. Ein Betrug um das, was Ihr wahrlich seid.

Bald werdet Ihr sehen, hören und verstehen. Bald schon, sehr bald.

Und Ihr werdet wieder das sein, was Ihr wahrlich immer gewesen seid und immer sein werdet: Gott in Aktion.

Das goldene Zeitalter beginnt!

Ischim Sandalfon

ICH BIN Deine zeitlose Freundin und begleite Dich schon seit Deinem Fortgang, werde Dich empfangen, wenn Du heimkehrst von Deiner Reise durch die Zeiten und Dimensionen.

Alles ist Energie im Sein, auch Du bist Energie. In dir trägst Du das Licht der Welten, das Dir Dein Schöpfer gab, als er sich in Dich ausdehnte, um die Welten zu erfahren. Dieser Funken war immer da, wird immer sein.

Es gab Zeiten, da warst Du Dir nicht bewusst, was Du warst, warum Du warst. Die Zeiten haben sich geändert, denn Du kommst zurück, bist auf dem Heimweg. Das freut mein Herz und ich bin schon gespannt, was Du zu berichten hast, wenn wir uns sehen. Doch bis dahin ist es noch ein kleines Stück. Nicht sollst du stehen bleiben, nicht sollst Du Dich abwenden vom Pfad des Lichtes. Nicht sollst Du anderen die Schuld geben, wenn Du einmal einen Umweg machtest.

Nimm die Zukunft jetzt in Deine Hände, denn dort gehört sie hin, dort allein. Werde Dir Deiner Kräfte bewusst, der Kräfte, die Dich bisher unbewusst geleitet haben. Und obwohl alles sich stetig wandelt, wirst Du den Weg erkennen und sicher nach Hause kommen.

Ich leite Dich, wenn Du mich rufst und erhelle den Weg, es ist mein liebster Wunsch.

Ich liebe Dich.

Aurora

Hüterin der Natur der Welt bin ich schon seit Urzeiten, Hüterin von geheimem Wissen, Lehrerin den Seelen, die erwachen.

Lehrerin bin ich auch Dir, liebes Kind, wenn Du danach verlangst, mehr zu wissen über Dich und die Welten. Über Dich und den Schöpfer allen Seins.

Meine dunkelrote Energie steckt voller Kraft. Meine liebende weibliche Seite wird durch mein Rosa, das göttliche durch das Gold repräsentiert. Gerne sende ich Dir jetzt meine Energien und reinige Dich, damit Du empfangen kannst. Ich reinige Dich von allen falschen Vorstellungen und Erwartungen, die Du kreiert hast in den Zeitaltern Deiner Leben. Ich reinige Dich von der Vergangenheit, damit Du die Zukunft in Deine Welt lassen kannst.

Ich Bin die Vergangenheit, Ich Bin die Zukunft. Du bist die Zukunft, denn die Zukunft steckt schon in Dir. Du musst sie nur zulassen. Deine Zukunft kann auch Deine Vergangenheit heilen, denn alles existiert außerhalb von Zeit und Raum. Zeit ist nur ein Konzept, nach dem Du Dein Leben lebst.

Ich bin außerhalb der Zeit und kann Dir sagen: Zeit ist bedeutungslos. Doch mehr werde ich Dir gerne sagen, wenn wir uns sehen, lade mich doch einmal vor Deiner Nachtruhe ein, damit wir in der Nacht auf anderen Ebenen arbeiten können.

Deine Seele ist schon bereit, sende sie zu mir und lass mich Deine Lehrerin sein. Ich freue mich schon darauf.

El Morya

Ihr ritterlichen Schützer der vergangenen Zeitalter, Schützer der Wahrheit, Freiheit und Gerechtigkeit:

WACHT AUF! Ich rufe Euch!

Die kommende Welt braucht Euch, denn Ihr besitzt den Zugang zu altem Wissen. Die Zukunft braucht dieses Wissen. Die Zukunft braucht Euch.

Mein blauer Strahl wird Euch erwecken, wenn Ihr dies lest und Eure Seele wird wissen, wenn Ihr gemeint seid.

Wenn Du erwachst, wird der Lichtschutz des Vergessens aufgehoben, Ihr werdet Euch erinnern. Erinnern daran, was war und was sein wird. Erinnern daran, wo Euer Platz ist. Ihr werdet das Wissen wieder erlangen, das solange verschüttet war.

WACHT AUF! Ich rufe Euch!

Es wird Licht in Eurem Geist. Es wird Licht in der Welt.
Göttlicher Schutz, direkt verankert auf Erden, er ist so wichtig. Wurde solange unterdrückt: Jahrzehnte, Jahrhunderte, Jahrtausende.

Die Zeiten der Unterdrückung sind vorbei.

Das Reine und Wahre wird wieder erstehen mit Euch und durch Euch.
Wacht jetzt auf und erwacht zum Licht.

Maitreya

Der Garten der Liebe und des Friedens – er sei Euer. Die Pracht Gottes sehe ich in Dir. Eine neue Zeit bricht an, die es auch Dir erlaubt, dies nicht nur zu glauben, sondern in jedem Moment zu fühlen, zu wissen, zu sein.

Diese Zeit ist da, höre mich gut an. Sie ist da.

Lange nach Euren Maßstäben haben wir darauf hingearbeitet, Schritt für Schritt, einen Fuß vor den anderen setzend. Das Himmelreich auf Erden errichten, es ist keine Angelegenheit eines flüchtigen Augenblicks. Aber jeder Weg endet einmal an seinem gedachten Ziel.

Mein Ziel war die Verankerung des Gottesbewusstseins in jedem beseelten Wesen auf Erden und die Bewusstwerdung dieser Verankerung für jeden. Ohne Unterschied. Die Welt kann so schön sein, wenn Ihr es zulasst.

Das Morgen ist noch viel schöner als Du es erträumst, das ist gewiss. Liebe, Friede und Eintracht zum Wohle des Einen, der den Grundstein gelegt vor langer Zeit und in jedem einzelnen von Euch, auch Dir, sein irdisches Zuhause hat.

Worte können nicht beschreiben das Glücksgefühl der Einheit mit allem was ist – aber es ist das, wonach Du suchst, denn du wähntest es verloren zu haben vor Äonen.

Der große Plan erfüllt sich nun. Es werde Licht im Deinem Herzen und im Herzen aller.

Es werde Licht!

Buddha

Siddharta ist mein bekanntester Name gewesen auf Erden, war gerne dort. Habe gelebt, geliebt und gelacht. Wie ihr. Habe die Emotionen geübt in Schach zu halten, wie ihr. Habe meinen Weg gesucht, wie ihr. Bin Umwege gegangen, wie ihr.

Habe die Erleuchtung gefunden. Wieso nicht Du?
Haben doch so viel gemeinsam, wo ist der Unterschied?

Ich werde Dir die Stachel der Vergangenheit ziehen, die Dich abhalten, der zu sein, der Du sein kannst. Ich tue es jetzt und mit Liebe und Hingabe, denn Du suchst den Weg und wie könnte ich einem Suchenden nicht Hilfe leisten, wenn er sie braucht?

Atme tief und fest in Dich ein und spüre den Atem Gottes, der Dich erfüllt. Goldenes Licht fließt in Dich ein und lässt alles vergehen, was Dich abhält von Gott. Du bist schon am Ziel des Weges, kannst es aber nicht glauben, weil man Dir anderes erzählte.

Werde jetzt eins mit Gott und der Leidensweg ist vorbei. Wie geht das fragst Du mich? Erkenne Dich selbst. So geht das, ganz einfach.

Dafür habe ich lange gebraucht, war bereit, für diese Erkenntnis mein irdisches Leben zu geben. Kurz vor dem irdischen Tod hat mich Gott erhört. Der Preis war es wert.

Was bringst Du ein, wie wichtig ist Dir Deine Erkenntnis, Deine Erleuchtung? Denke nach und arbeite daran, ich lehre Dich das Wissen, das Du benötigst.

Frage und ich antworte Dir.

Kuan Yin

Schutz bin ich Dir und Geleit auf Deinem Weg. Meine violette Flamme ebnet den Weg zu neuen Ufern Deiner Träume.

Habe Paradiese gestaltet und kenne die Magie der Liebe.
Kennst Du sie auch? Liebe. Kannst Du sie leben, auch wenn das Leben es anders mit Dir meint und Dich aus der Bahn wirft? Ich habe es auch so erlebt auf Erden, wie Du.

Du bist einem Schiffe gleich, das über den Ozean der Gefühle fährt. Ich kann Dir helfen, die alten Vorwürfe und Vorstellungen über Bord zu werfen, damit Du sicher zu den neuen Ufern gelangen kannst, dort, wo das Wasser flach und rein ist.

Meine violette Flamme reinigt Dich jetzt. Wirf alles von Dir, was nicht mehr zu Dir gehört im neuen Zeitalter. Alles, was Dich und Dein Herz schmerzvoll bedrückt. Alles. Lass es und gib es mir, ich werde es Dir abnehmen und alles wandeln in Liebe.

Liebe war es am Anfang, Liebe ist es am Ende. Dazwischen ist eine Illusion, der Du verfallen bist. Nichts kann Dich von Deinem wahren Sein trennen, nichts ist stärker als das Licht Gottes. Es wohnt in Dir und will sich mitteilen der Welt.

Teile Dich mit und schaffe Paradiese.

Ich werde Dir immer helfen, wenn Du magst, denn meine Liebe für Dich ist unendlich.

Erzengel Gabriel

Woher auch immer Du kommst, wohin auch immer Du gehst und wo auch immer Du jetzt bist: stets kannst Du von vorne beginnen, kannst Deine Entscheidungen treffen, die Dein Morgen bestimmen.

Immer konntest Du es. Auch jetzt stehst Du an einem Punkt, wo eine Entscheidung wichtig ist.

Ich Bin Dein Helfer, Deinen Geist zu klären, die Gedanken zu sortieren und Dich auf allen Ebenen zu reinigen. Ich inspiriere Dich mit klaren und reinen Gedanken, wenn Dir der Kopf raucht und Du nicht weiter weißt.

Ich führe Deine Zunge, wenn Du es willst. Ich stehe Dir bei und helfe Dir, Situationen zu bewältigen, die Du nicht mehr überblickst und Entscheidungen zu treffen, die wichtig sind für Dich und die Welt.

Ich werde mit meiner kristallweißen Energie Deine Körper säubern und Dich in Deinem Leben inspirieren. Ich werde dies die kommenden 3 Tage immer wieder tun.

Dann kommt für Dich die Frage:

Welche Entscheidung triffst Du jetzt für Dich?

Welche Entscheidung triffst Du jetzt für die Welt?

Elohim Herkules & Amazone

Wir lösen Deine Fesseln und stärken Deinen Willen, damit Du Deinen göttlichen Auftrag leben kannst. Das ist unser Auftrag, den wir von der Quelle erhalten haben, diesen Auftrag führen wir kraftvoll aus.

Die uns gegebene Macht Gottes wirkt durch uns auf Dich, wir senden Dir unsere Energie, die alles zersprengt, was nicht göttlich rein ist. Diese Energie berührt Dich nun in allem Sein, in Deiner ganzen Welt.

Entspanne einen Moment und fühle die Energie, die von uns zu Dir fließt.

Ein Tag wird kommen, der anders ist als die anderen Tage, die anbrachen. Auf diesen Tag arbeiteten wir hin seit langem. Du wirst diesen Tag erleben und wirst ihn spüren in allem, was Dich ausmacht.

Dann beginnt die neue Zeit und neue Ziele werden gesetzt, denn Gott dehnt sich immer weiter aus, in immer neue Dimensionen. Und eine neue Reise beginnt. Stets ein Neuanfang, stets eine Wandlung. Ein ständiges Neuwerden, das ist Gottes Idee des Seins.

Ständiges Neuwerden, bis der Urzustand wieder hergestellt ist, die Einheit mit allem was war, ist und sein wird. Ein Wimpernschlag in der Unendlichkeit nur ist alles Sein.

Nutze die Zeit gut, wir geben Dir die Kraft dazu.

Erzengel Zadkiel

Folge mir in das Morgen, den Neuanfang Deines Lebens. Erkenne, was wahr ist, erkenne was nicht wahr ist. Mein Blick ist von höherer Warte als der Deine, sehe mehr und weiter und kann besser unterscheiden.

Gerne würdest Du etwas ändern, doch traust Dich nicht, müsstest Deine bekannte Welt verlassen oder aufgeben – denkst Du. Aber warum in einer Illusion leben, wenn es auch die Welt der Wahrheit sein kann? Warum sich auf etwas verlassen, was es gar nicht gibt? Warum das ablehnen, was real ist?

Denke selbst und lasse nicht für Dich denken, das war schon immer eine schlechte Idee. Und wurde gerne ausgenutzt von Kräften, die es nicht gut mit Dir meinen.
Ich verwandele jetzt Dein ganzes Sosein mit meiner Kraft der violetten Flamme und werde die Transformationen beschleunigen, die schon eingeleitet sind.

Wahrheit werde Dir zuteil und Unterscheidungsvermögen. Es liegt allein in Deiner Hand, Du entscheidest. Frage Dein Herz, frage Deinen Verstand, aber frage, frage, frage. Nimm nicht einfach hin, was Dir vorgesetzt zum Fraß. Schaue hinter die Fassaden und mache Dir ein eigenes Bild.

Mein allsehendes Auge leihe ich Dir gerne, wenn Du es brauchst zu erkennen die Wahrheit, zu erkennen Gott.

Pallas Athene

Kriegerin in alten Zeiten war ich,
Habe gestreitet für das Recht der Freiheit.
Jetzt bin ich da, Dich zu leiten.

Auch zu lieben und zu lehren bin ich da.
Der Friede fehlt auf Euren Erden,
Und im Herzen fehlt er auch.

Der Puls der Zeit, er rast in Eurer Zeit.
Es ist gewollt so, dass Ihr das Wesentliche überseht
Und vor lauter Hektik Euch verneint.

Schau nicht zurück, schau lieber nach Vorne.
Dort ist Dein Gestade,
Dafür lohnt es sich zu kämpfen.

Mache die Segel los und komm mit mir
In neue Welten und lass Sie uns gemeinsam entdecken.
Zu entdecken gibt es noch viel, das Du nicht weißt.

Erinnere Dich Deiner Kraft in Dir,
Die kennst Du gut aus alten Tagen,
Du hast sie immer bei Dir getragen.

Ich stärke Dich und gebe Dir Mut,
Die Wolken zu vertreiben,
Die Deine Sonne verhüllen.

Sei ganz Du selbst in Allem.
So sei es.

Ashtar Sheran

Die Sterne ziehen ihre Bahn,
Sie scheinen am Nachthimmel,
Hebe den Blick.
Kannst Du uns spüren?

Sternengeschwister sind wir,
Du und ich. Ja, Du und ich.
Dein Herz sich sehnt
Nach der Unendlichkeit.

Unendliche Weiten haben wir durchschritten,
Du und ich, zusammen.
Weißt es nicht mehr,
Deine Seele hat alles gespeichert.

Siehst in der Nacht
Sehnsuchtsvoll zu uns herauf,
Zu den Sternen, die leuchten Dir den Weg,
Dir sind Geleit bei deiner Mission.

Wünscht dir die Familienbande zurück,
Schönes Gefühl der Einheit,
Tiefes Glück der Gewissheit.
Wissen, nicht Glaube.

Du aber glaubst noch.
Doch Dein Ich Bin weiß
Um die Zusammenhänge
Seit Anfang an.

Ich lade Dich ein,
Mich zu besuchen.
Deine alte Verbundenheit
Wird wiederbelebt.

Ich verspreche:
Ich kümmere mich gut um Dich.
Es ist genug Liebe für alle da,
Auch für Dich.

Denk aus Deinem Herzen tief an mich
Und steige ein in das Gefährt,
Das Dich zu mir bringt.
Ich leite Dich.

Bin einen lichten Gedanken
Nur entfernt
Von Dir,
Egal wo Du bist.

St. Germain

„Ich bin schuldig, ich bin nicht stark.
Ich bin es nicht wert.“ So sagst Du selbst zu Dir.

Gut funktionierte die Gehirnwäsche!
Du glaubtest, was andere Dir eingetrichtert, zu retten ihre Macht.

Hinterlistiges Spiel,
Die Seele als Einsatz,
Gestohlen die Macht des Einzelnen,
Unmögliches wahr gemacht.

Dunkle Wolken ziehen über Land,
Aufrecht zu erhalten die Tat.
Genau geplant und schleichend umgesetzt
Vor tausenden von Jahren schon.

Keiner mehr weiß das Licht hinter den
Verstrickungen zu sehen,
So dicht das Geflecht von Trug und Macht.
Du mitten drin.

Schlimmeres verhindert wurde oft
Durch unser Tun.
Manches mussten wir lassen,
Damit die Menschheit aufwacht.

Doch wenige nur durchschauen das Spiel.
Für manche Seele
Ist die Wahrheit zuviel
Und bleibt lieber im Ungewissen.

Das fühlt sich dann besser an:
Ein Käfig, gebaut als Ruheplatz des Gewissens,
Ein Käfig mit goldenen Gittern.
Geschickt gemacht.

So schaust Du aus dem Käfig nach Draußen
Und glaubst in Freiheit zu leben,
Gehst der Wahrheit aus dem Weg.
Das ist Dir bequem.

Aus, vorbei.

Ich nehme Deiner Seele jetzt den Käfig,
Der dich abhält, Deine Macht zu erleben.
Verbrenne ihn Kraft meiner Macht.
Auch Du wirst anderen den Käfig rauben.

Sie werden diesen Raub Dir danken,
Aus reinem Herzen.
Wie ein Dieb in der Nacht kannst Du die Herzen befreien,
Gott und die Hierarchie Dir den Segen geben.

Kämpfe um ein jedes Herz
Das sich Dir zuwendet in Hilfe,
Denn es weiß, dass Du das Licht des Herrn trägst.
Das Licht, das so gesucht im Dunkel der Welt.

Ich werde jetzt Deine alte Welt zerstören,
Damit Du die neue Welt des Lichts empfangen kannst.
Nichts soll mehr zwischen uns stehen
In der goldenen Zukunft.

So sei es. So ist es. Von nun an. Für immer.

Terra (3D)

Unendliche Zeiten schon
Habe ich Euch gedient.
Liebe gegeben, Energie gewandelt,
Euch umsorgt, gehegt, gepflegt.

Unendliche Zeiten waren es,
So scheint es für Euch.
Ich kann mich gut erinnern
An die Zeiten der Vergangenheit.

Nah noch sind mir
Glück und Kraft vergangener Tage,
Weit entfernt sind Sie Euch,
Die Ihr heute lebt.

Kennt es nicht mehr mit Eurem Verstand,
Nur Herz und Seele kennen den Zustand.
Lasst Herz und Seele sprechen,
Meine geliebten Kinder.

Der Kreislauf des Gleichwichtes
Von Geben und Nehmen,
Er funktioniert nicht mehr,
Wie er einmal gedacht und notwendig.

Nehmen nur noch,
Raub meiner Seele und Kraft
Mein Herz schlägt schneller,
Damit es vollbracht.

Doch mehr und immer mehr
Wird genommen, mein Blut fließt.
Umsonst, Ihr nehmt nur,
Habt vergessen, mir auch zu geben.

Meine Liebe für Euch ist immer da,
Auch im meinen letzten Zügen.
Bin Immer noch voller Kraft.
Und trotzdem: ein Hauch nur vergangener Zeiten.

Helft mir, mich zu stärken,
Denn die Reise ist noch nicht zu Ende.
Ein Stück noch entfernt ist das Ziel,
Nur ein Stück noch.

Meine Kraft muss für Euch alle reichen,
Sonst habt Ihr ein Problem.
Nur gemeinsam können wir
Die Reise fortsetzen.

Haltet ein in Eurem Tun
Und hört mich an.
Ich meine es nur gut mit Euch
Und bitte um Eure Hilfe für uns alle.

Sendet mir täglich Eure Liebe,
Ich brauche diese Hilfe so sehr.
Ich werde Euch zurücksenden, was ich kann;
Alles, was nicht nötig ist, mein Gleichgewicht zu halten.

Denkt an mich - Ich danke Euch!

Friedensgöttin Eirene

Sollte den Frieden Euch festhalten
Für lange Zeit.
Doch andere waren dagegen,
Haben ihn nicht ertragen können.

Die Geschichte wird sich neu gestalten
Auch die Vergangenheit ist anders als es scheint.
Zu allen Menschenzeiten wurden
Die Massen fehlgeleitet.

Euer Schaden ist es stets,
Den dieses Tun hervorruft.
Eure Kinder müssen leiden,
Wenn das Dunkle ruft.

Zukunft ist ein Geschenk der Götter,
Macht die Seelen wieder froh.
Ziele kannst Du täglich greifen,
Musst nur täglich dafür streben.

Der Herr hilft denen,
Die sich selber helfen.
Hilf Dir selbst und dann der Welt,
Gott ist in Dir.

Aufwachen sollt Ihr,
Euren unterdrückten Platz
In der Welt einnehmen,
Der Euch seit Ewigkeiten gebührt.

Sehen könnt Ihr alles, denken könnt ihr sehr.
Fleißig ist Euer Tun, Disziplin Euer Gut.

Helft der Welt zu finden die Zukunft,
Die schon existiert In anderen Reichen,
Zukunft der Welten, hier auf Erden.
Ihr führt in das Morgen die anderen.

Meinen Schatz bewahre ich Euch stets,
Wache über Eure Symbole der Freiheit.
Und halte das Tor Euch offen
In eine neue Zeit.

Jesus Sananda

Neue Zeit – Kristallzeit.
Der Christus kommt wieder.
Christ-All, der All-Christus.
Alles umfassend. Alles seiend.

Anderer Weg diesmal.
Nicht sofort sichtbar im Außen,
Nach innen sollst Du sehen.
Kannst erst nur spüren die Änderung.

In Dir, nur in Dir
Der Kristall sich manifestiert,
Wenn Du ihn einlädst,
Ihn wachsen zu lassen.

Kristall neuer Güte, alles verändernd.
Statt 6 jetzt die Formel 12 x 5 gilt.

Mehr Möglichkeiten,
Mehr Dimensionen,
Mehr Liebe,
Mehr von allem, was Gott ist.

Die ist der Anfang erst,
Schneller und schneller
Die Entwicklung sich
Fortsetzt in den kommenden Tagen.

in in allem
Was lebt und ist,
Heilig ist das richtige Wort
Für das rechte Maß.

Anfang und Ende, alles im Fluss,
Der Kopf verliert, das Herz gewinnt.

Ich bin im hier und jetzt zuhause,
Kraftvoller Fluss des Lebens.
Ich wandele die Raupe
In den Schmetterling.

Lasse Deinen Geist fliegen
Damit Du die Einheit erkennst,
Die verschlossen schon
In dir wohnte die ganze Zeit.

Außen Schüler, innen Meister,
Freilegen nur musst Du den Kern.

Integrierter Aspekt allen Seins,
Licht und Schatten,
Tag und Nacht,
Wollen beide angenommen sein.

Meister der neuen Zeit Du dann bist.
Gibst ihr Gestalt und Kleid durch Dein Ich.
Neue Zeit: Ich in dir, Dem Kristall Gottes.

Maria

„Liebe Deinen Nächsten wie dich selbst.“

Im täglichen Leben wird dies von den Menschen nicht beherzigt. Die Ergebnisse sind Streit, Krieg, Gier, Mangel, Neid, Eifersucht; alles Anzeichen für einen Mangel an Liebe. Die wahre Ursache ist der Mangel an Selbstliebe.

Die Selbstliebe ist ein Schlüssel zu Deinem persönlichen Himmelreich, wenn ich dieses Bild einmal benutzen darf. Ich bin heute gekommen, um Dir zu zeigen, wie Deine Selbstliebe wieder hergestellt werden kann.

Atme tief ein und aus, wenn ich jetzt mit Dir arbeite, ich werde Dir neben Deinem physischen Herzen, das für das Leben und die Nächstenliebe steht, ein weiteres Herz geben: das der Nächstenliebe.

In Deinem rechten Brustraum ist der Platz für die Selbstliebe, doch er ist leer. Jetzt setze ich Dir einen türkisfarbenen Kristall dorthin, ein brüderliches/schwesterliches Gegengewicht zu Deinem Herzen.

Dieser Kristall steht für die Eigenliebe, eine neue, Dir vielleicht unbekannte Energie. Nimm sie an, Sie nährt alle Deine Körper, Deinen Geist, Deine Emotionen, Deinen Körper, Deine Seele. Dein Ich Bin kommt zurück.

Die neue Energie beginnt in Dir zu fließen und füllt Deinen Raum der Eigenliebe in Deinen Körpern.

Lass diese Energie in Dein Sein und beachte, wie sich jetzt die Energie der Nächstenliebe aus Deinem Herzen mit der Energie der Selbstliebe in der Mitte Deiner Brust verbindet.

Dort entsteht jetzt etwas neues, ein drittes Herz. Es ist das Herz der allumfassenden, bedingungslosen Liebe, das jetzt entfaltet.

Durch dieses Portal der göttlichen Liebe kann Dein Liebesstrom für Dich und die Welt jetzt nach außen fließen.

Ein Portal der göttlichen Liebe auf Erden ist wiedergeboren. Dieses Portal bist Du.

Du kannst diese Arbeit immer wieder unterstützen, indem Du Dir vorstellst, dass Du in einen See aus türkisfarbenem Licht steigst und Dich dort solange in diesem Licht der Selbstliebe badest, wie Du es gerade brauchst.

Ich danke Dir, dass Du mit mir gearbeitet hast, meine Liebe begleitet Dich.

Djwal Khul

Bevor Du Dich bettest zur Ruhe
Wende Deine Gedanken mir zu.
Besuche mein Heiligtum,
Gewähre Dir Einlass nun.

Bitte und Dir wird gegeben.
Klopfe an und Dir wird aufgetan.
Dein Körper schläft tief und fest,
Dein Geist ist wach und klar, bereit.

Die Möglichkeiten sind unbegrenzt,
Mehr ist möglich als Du denkst.
Andere schon vor Dir haben erhalten,
Was ich Dir heute schenke.

Zugang zu Reinigung,
Heilung und Optimierung;
Für alle Deine Körper,
Wenn Du willst.

Habe schon auf Dich gewartet,
Jetzt ist die Zeit reif.
Komm nun, folge mir in mein Reich
Der höheren Hilfe.

Werde Dich reinigen,
Alle Deine Körper von dem befreien,
Was nicht mehr Dein ist,
Was hindert und stört den neuen Weg.

Werde Dich reinigen, reinigen, reinigen.
Deine Energien sammeln sich neu
Und formen ein neues Bild von Dir,
Bereit für den Dimensionssprung.

Alle Körper werden angepasst, Chakren neu erweckt.
Strahlen jetzt wie Sonnen, rein und klar.

Neue Sonnen Du bekommst geschenkt,
Bessere Anbindung an Erde und Himmel.
Ausdehnung der Gestirne in andere Welten
Und Vermehrung der Energieströme in Dir.

Die Brücke spannt sich neu
Als Regenbogen zwischen Dir und Deinem Selbst.
Bist eingebunden in Deine Familie
Der Seele von nun an.

Alle Vorgänge beschleunigen sich:
Die Körper vibrieren und tönen unhörbar,
Die Gedanken verstummen und Du hörst Dein Ich Bin,
Erkennst die höheren Zusammenhänge nun.

Die Seele den Käfig verlässt zu Reisen
In neue Welten, entdeckt die Universen.
Dein Körper stets der Seelengesundung folgt,
Nicht anders herum.

All das und mehr ist Dein,
Es wartet auf Dich schon lange,
Musst es nur einfordern bei mir
Mit Deinem Herz und Deinem Geist.

Helios

Ich lade Dich auf eine Reise ein in das vergangene Atlantis. 12 Königreiche, 12 göttliche Farbstrahlen, 12 Qualitäten der Weiterentwicklung, 12 Meister der Strahlen und 12 Tempel der Einweihung. Heute reisen wir zu dem 13ten Tempel, dem Tempel der 12 Strahlen, dessen Priester Ich Bin.

Reise mit dem Wind und siehe Dich über das weite Meer fliegen, wie ein Adler bist Du unterwegs zu mir. In der Ferne siehst Du Land und näherst Dich ihm. Vor Dir taucht Atlantis auf, fliege zur Hauptinsel, dem großen Landstück.

Kreise an der Küste, bis Du dort auf einer Anhöhe meinen Tempel in der Sonne scheinen siehst. Er ist groß und rund, von erhabener Schönheit, sein Weiß leuchtet weit.
Um ihn herum sind 12 farbige Wege, die aus allen Himmelsrichtungen auf ihn zulaufen.

Du siehst Kristallwege in den folgenden Farben: Blau, Goldgelb, Rosa, Weiß, Grün, Rot, Violett, Aquamarin, Magenta, Gold, Pfirsich und Opal. Jetzt suche Dir eine Wegfarbe aus und lande dort. Welche Farbe sucht Deine Seele aus?

Alle Wege sind durch einen Ring verbunden, der aus weißem Marmor besteht. Von dort aus gehen die Wege in die Mitte zum Tempel. Die 100 Meter langen Wege selbst bestehen aus Kristallen, die wie Kiesel die Wege bilden. Wenn Du dort stehst und Dich nicht wohl fühlst, kannst Du auch die anderen Farben prüfen. Gehe herum, Du hast Zeit. Spüre die anderen Farben, bis eine Dir zusagt.
Gehe jetzt den Weg Deiner Wahl auf den Tempel zu und die Stufen zur Eingangstür hinauf. Ich stehe schon dort und warte auf Dich, denn ich kannte Deine Wahl. Du warst schon öfter hier bei mir in früheren Tagen.

Komm zu mir, damit wir in den Tempel gehen können. Ich helfe Dir, Dich wieder mit Deinem Farbstrahl zu verbinden, damit Du auch bewusst mit ihm arbeiten kannst.

In der Mitte des Tempels ist ein großer Block aus einem reinen, durchsichtigen Kristall, wie ein Tisch. Darüber ist ebenfalls ein Kristall der gleichen Art, er hängt an der Decke des Tempels, direkt über dem Tisch.

Lege Dich nun auf den Tisch, er ist nicht kühl, sondern angenehm und passt sich Deinem Körper an, damit Du bequem liegen kannst.

Entspanne Dich und lasse alle Gedanken gehen, sei ganz hier und jetzt bei mir. Der Kristall über dem Tisch wird jetzt aktiviert und strahlt das Licht Deines persönlichen Farbstrahls in Deine Körper. Solltest Du eine andere Farbe sehen, als es vorhin bei den Wegen der Fall war, dann ist dies jetzt Dein wirklicher Farbstrahl, mit dem Du verbunden bist, auf dem Du arbeiten sollst.

Er erfüllt Dein ganzes Sein, reinigt und harmonisiert Deine Schwingungen, gibt Dir Kraft und Klarheit. Fühle die Farbe, die Energie, die Dich angenehm durchstrahlt, sie macht Dich ganz zu dem, der Du bist.

Sie trennt die Spreu von Weizen, übrig bleibst Du, der göttliche Diamant. Du strahlst und funkelst, das Sonnenlicht bricht sich in Dir und strahlt zurück die Farbe Deines Strahls in die Welt.

Genieße das Licht auf dem Tisch solange, wie Du brauchst, es gibt kein Zuviel.

Wenn Du merkst, dass es genug ist, dann stehe auf und sieh Dich um, wie Du das Licht im Raum verteilst, es geht von Dir aus in alle Richtungen.

Gerne beantworte ich Dir Deine Fragen, die Du hast, stelle Sie mir. Wir werden auf der dem Meer zugewandten Seite des Tempels die Aussicht genießen, während ich Dir antworte.

Du kannst mich jederzeit besuchen, im diesem Tempel gibt es noch viel zu entdecken, was Du noch nicht kennst. Heute war der erste Schritt. Wenn Du weitergehen willst, komme zurück, Du kennst jetzt den Weg zu mir.

Nun ist es an der Zeit, dass wir uns verabschieden, ich tue es auf die Art der Priester von Atlantis und neige meine Göttlichkeit Dir zu, damit Du gesegnet bist auf Deinem Weg zurück.

Es grüßt Dich Helios, Dein väterlicher Freund

Seth

Du stehst am Wegepunkt der Entscheidungen,
Hier und Heute, vor Mir.
Wir sind allein miteinander,
Ich sehe Dich an.

Jetzt sieh Dich an,
Wie Du der Entscheidung fliehen willst.
Es gibt nur eines für Dich:
Entscheide Dich nun!

Wahrheit oder Lüge,
Freiheit oder Knechtschaft,
Liebe oder Hass,
Leben oder Tod.

Entscheide Dich für Dein Sein.
Wähle, was Dir beliebt.
Aber Entscheide Dich.
Ich frage nicht lange nach.

Licht oder Dunkel,
Tag oder Nacht,
Sonne oder Sterne,
Gott oder Nichts.

Heute hast Du die Wahl,
Wie jeden Tag schon.
Doch was machst Du aus Deiner Weisheit?
Gehst Du den Weg?

Kuthumi

Hast beratschlagt Deine Reise, bevor Du kamst,
Gesteckt den Plan mit Deinen Lehrern.
Helfen wolltest Du. Und Deinen Platz finden.

Beenden die Herrschaft des Dunkels,
Verkünden den Sieg des Lichtes,
Das war Teil der Vision.

Jetzt ist der Zeitpunkt,
Die Kräfte zu entfesseln,
Die Du selbst gebunden.

Gebändigte Kraft nur dem Dunkel hilft zu leben,
Kann dem Licht des Inneren nicht standhalten,
Wenn es freigesetzt.

Setze frei, was Du bist.
Setze frei, der Du bist.
Setzte frei. Jetzt. Alles. Jetzt.

Warte nicht auf Morgen, tue es jetzt gleich,
Ich nehme den Schleier von Dir,
Der das Licht zurück noch hält.

Lebst in einer besonderen Zeit,
In der das Geschick der Universen sich entscheidet.
Auch Du lebst für dieses Ziel.

Sehe schon Deine Zukunft:
Nachdem das Licht gewonnen,
Bist Du Botschafter des Lichtes.

In anderen Welten wirst Du weitermachen,
Was siegreich hier geendet.
Eine neue Zeit beginnt.

Und alle, die Dich dann dort sehen,
Werden wissen, was du großartiges getan,
Sehen Deine Energien und Dein besonderes Licht.

Es strahlt und kündet: Ich war dabei.
Und in liebevoller Anerkennung
Wird man sich verneigen vor Dir und Deinen Taten.

Denn Du warst direkt dabei,
Bei der großen Zeitenwende.

Himmlische Mutter (Divine Mother)

Du mein Kind,
Hebe den Kopf und schau in den Himmel.
Schau den Himmel des Morgen.
Jetzt.

Du mein Kind,
Heute vergeht die Zeit der Furcht
Der Jahrhunderte und Jahrtausende.
Für immer.

Du mein Kind,
Hast gelebt und gewirkt.
Gewonnen und verloren.
Immer wieder.

Du mein Kind,
Bist heute hier zu beenden,
Was einst begann im Licht.
So sei es!

Du mein Kind,
Hast gesucht und gefunden,
Was einst Du verloren.
Dich selbst.

Du mein Kind,
Bist frei nun von allen Banden,
Frei von Angst und Furcht.
So ist es!

Du mein Kind,
Bist nur noch das,
Was Du wirklich bist:
Licht und Liebe Gottes.

Du mein Kind,
Lasse scheinen Dein Licht.
In die Welt der Universen,
In Dich hinein und aus Dir heraus.

Du mein Kind,
Und Ich sind eins!

Lord & Lady Arcturus

Sei willkommen, wir sind Deine Freunde
Seit langem schon, beobachten und helfen,
Wo es geht und wo Ihr uns lasst.

Haben Euch immer begleitet
Auf Eurem Weg zur Zeitenwende,
Wollen unseren Beitrag leisten zum Plan Gottes.

Unsere Liebe für Euch
Und die Schöpfung ist unendlich,
Gerne lassen wir Euch teilhaben.

Meldet Euch bei uns an,
Bevor Ihr Euch bettet
Und wir kümmern uns gerne.

Sind physisch und geistig nah bei Euch,
Einen Lichtsprung nur entfernt.
Wenn Ihr wollt.

Können Euch Technologien anbieten,
Die Eure Vorstellungskraft übersteigen.
Alles nur zum Besten der Nutzer.

Liebe ist der Kern,
Er ist die Grundphilosophie unserer Welt.
Wir teilen gerne mit Euch.

Das, was gut ist, soll weiter getragen werden.
Ein Herz wird angesteckt mit der Liebe,
Kann es nicht für sich behalten, muss teilen.

Das ist ganz einfach,
Doch Eure Herzen
Sind nicht offen.

Stacheldraht um die Seele,
Mauern um das Herz.
Wir fühlen mit, wenn wir das sehen.

Laden Euch ein auf eine kurze Tour
Zu uns und unserer Welt.
Dort könnt Ihr Euch erholen und Kraft tanken.

Durch unsere fortschrittliche Technologie
Können Eure Körper und Euer Geist
Rasche Fortschritte machen.

Reinigung, Erholung, Heilung.
Wir sind nicht beschränkt
In dem, was wir Euch bieten.

Freier Geist hat freie Entscheidung,
Euren freien Willen werden wir respektieren, immer.
Du sagst, ob Du willst oder nicht. Entscheide.

El Morya

Zwei Hauptprobleme der Zeit sind, dass den Menschen angewöhnt worden ist, nicht auf die eigene innere Stimme zu hören und keine Entscheidungen herbeizuführen.

Mein blaues Licht kannst Du jederzeit rufen, damit Du kreativ denken kannst und Dich die Wahrheit erleuchten kann. Denke nicht, dass alle Dein Bestes wollen und für Dich sorgen. Wenn Du Dich davon leiten lässt, dann bist Du ein Lemming in der Herde nur, dann hast Du schon verloren.

Freiheit? Flüchtiger Gedanke an vergangene Zeiten, die die Seele noch kennt, mehr nicht. Unfreiheit allerorten.
Und Du lässt es zu, spielst mit das Spiel. Es ist ein Spiel um Leben und Tod auf allen Ebenen.

Denke nach, höre auf Deine innere Stimme, die Dich leitet. Du kennst die Stimme nicht? Sie sagt Dir widersprüchliche Dinge? Ja, auch andere wussten, was in Dir steckt und haben Dich manipuliert, damit Du nicht richtig hörst, denkst, fühlst. Haben gewonnen, der Widerstand war gebrochen.

Dir Deine Macht über Deine Welt nehmen, das war der Trick der Jahrtausende. Ich aber bin für die Freiheit der einzelnen Seele und für ihre Macht, die ihr von Gott verliehen wurde. Weil jede Seele Gott ist.

Anderen die Schuld geben, andere entscheiden lassen, sich treiben lassen vom Außen. Angst und Hass.

Oder: mitten im Fluss des Lebens stehen, selbst bestimmen und Schöpfer sein in der eigenen Welt. Liebe und Glück.

Was wählst Du jetzt? Du bist jetzt der Gott Deiner Welt, was wählst Du jetzt, in diesem Moment?

Bist Du fähig, neu zu wählen? Bist Du fähig, den Betrug zu durchschauen, der Dich entmachtete? Bist Du fähig, Deine Macht wieder anzunehmen? Bist Du fähig, die Manipulationen abzustreifen, die Lösung zu suchen und auch zu finden?

Für alles gibt es eine Lösung. Hilf Dir selbst und Dir hilft Gott. Die Lösung wird erscheinen, wenn Du es wirklich willst und danach suchst. Alles ist schon da.

Greif zu und lebe oder lass es und stirb. Die Wahl liegt bei Dir allein. Spiele Dein Spiel der Liebe und Freiheit oder spiele das Spiel der anderen; es heißt Angst. Die Angst ist kein guter Berater, die Liebe schon.

Wer berät Dich in Deiner Not, wem hörst Du zu, wem vertraust Du? Vertraue nur Dir selbst und triff Entscheidungen, die Dein Leben verändern.

Das allein wird die neue Welt des goldenen Zeitalters hervorbringen. Gedanke, Wille, Tat. Machtvolle Liebe.

Lemuel

Was treibt Dich in Deinem Leben?
Was willst Du wirklich?
Was ist der Sinn des Lebens?
Wer bist Du?
Woher kommst Du?
Wohin gehst Du?
Was ist Deine Aufgabe?
Wer oder was ist Gott?

Hast Du Dir diese Fragen als Kind nicht schon oft gestellt?
Aber hast Du auch nach Deiner Kindheit weitergefragt?
Hast Du die Antworten gefunden?

Fragst Du noch oder hast Du schon aufgegeben?
Hast Du weitergefragt, weitergesucht?
Hast Du Dich mit Antworten anderer zufrieden gegeben?
Lebst Du Dein Leben oder das der anderen?

Wer bestimmt im Deinem Leben?
Vertraust Du Dir?
Hast Du alles erreicht?
Ist das Leben schon vorbei?
Liegt es noch vor Dir?
Hast Du schon alles gehabt?

Hast Du Deine gottgegebenen Fähigkeiten alle schon eingefordert?

Wo hängst Du fest?
Denkst Du?
Hörst Du?
Fühlst Du?

Kennst Du die Liebe?
Hast Du geliebt?
Liebst Du Dich?

Kannst Du auch mit dem Herzen sehen?
Oder mit den Ohren fühlen?
Oder mit den Gedanken schmecken?
Oder mit den Augen sprechen?
Oder mit der Nase hören?

Bist Du zufrieden oder unruhig?

Was willst Du wirklich in Deinem Leben?
Weißt Du es oder rätselst Du noch?

Haben Engel Dich schon gerettet?
Hast Du Gott schon gefühlt?

Wo kommst Du her, wo stehst Du jetzt und wo gehst Du hin?
Wer bist Du?
Und was?

Beantworte die Fragen.

Und die Sinnlosigkeit weicht der Sinnwerdung.

Lord & Lady Arcturus

Es ist schön, dass Du wiedergekommen bist.
Hast Du Dich schon entschieden?

Die Reinigung:
Kannst Sie jederzeit in Anspruch nehmen,
Wir werden Deine Körper mit unseren
Speziellen Kristallen reinigen und alles Negative klären.

Ziehe Dich zurück und stimme Dich ein,
Plane 20 Minuten Deiner Zeit ein.
Rufe uns herbei, bitte um unser Reinigungsprogramm.

Wir sind bei Dir und reinigen Dich gut.
Du merkst es vielleicht, vielleicht auch nicht.
Das macht keinen Unterschied.

Nach 10 Minuten ist die Reinigung
Im ersten Schritt vollbracht,
Alles ist gelöst in Deinen Körpern.

Danach wirst Du mit Gold gebadet,
Durch und durch geht es für die gleiche Zeit.
Dies zieht alles aus Deinen Körpern, magnetengleich.

Es wird entsorgt und umgewandelt.
Von Liebe ist es gekommen, zu Liebe wird es werden.
Das ist der Kreislauf aller Zeiten.

Wiederhole dies, solange Bedarf besteht.

Kräftigung & Heilung:
Besuche unsere Kristallkammer,
Besuche Sie,
Wenn Du schläfst.

Hier kannst Du Kraft tanken,
Deine Energiezentren aufladen.
Das ist für Dich wie Urlaub.

Richte vor dem Schlaf Deines Körpers
Einfach Deine Gedanken auf uns.
Bitte darum, die Kristallkammer besuchen zu dürfen.

Prüfe es einmal
Und fühle dann den Unterschied.
Nach einiger Zeit ist es nicht mehr ungewohnt.

Wenn es Dir hilft
Zeige anderen, wie Sie Hilfe bekommen können.
Es steht allen zu, die es benötigen und wollen.

Wir haben noch mehr für Dich,
Dies ist erst ein kleiner Anfang.
Alles Weitere findet zur rechten Zeit seinen Weg zu Dir.

Wir danken Dir.

Gaia (3,5D-4D)

Jahrmillionen des Werdens,
Aufblühen und Untergang von Kontinenten,
Leben und Sterben,
Alles kommt und geht.

Ein einziger Kreislauf ist es,
Das Leben hier auf Erden.
Ich Bin Eure Mutter,
Ihr seid meine Kinder.

Ich liebe Euch
Und habe wie Ihr einen Auftrag.
Entwicklung, Evolution, Aufstieg.
Vom Niederen zum Höheren, zum Licht.

Unsere drei Dimensionen
Sind nicht das Ende der Realität,
Sie sind erst der Anfang dessen,
Was wirklich real ist.

Ihr seht es nicht so,
Lebt mit mir nicht in Harmonie.
Dabei sitzen wir in einem Schiff,
Das durch das Universum fliegt.

Aussteigen kann ich nicht,
Es wäre fatal für Euch.
Habe auch Gefühle, wie Ihr.
Lebe und liebe, sterbe und weine.

Hör Ihr nicht,
Was ich Euch sagen will?
Seht Ihr nicht die Zeichen
Meiner Verzweiflung?

Es geht nur zusammen,
Alleine ohne Euch habe ich
Mein Ziel verfehlt.
Ohne mich seid Ihr hier verloren.

Mein Blut fließt,
Meine Tränen strömen,
Mein Atem geht stark.
Ich Bin nicht in Balance.

Möchte jetzt den Sprung
In neue Dimensionen machen.
Quantensprung für die Menschheit,
Das Sonnensystem, das Universum.

Ich lasse Euch nicht zurück,
Nehme Euch mit.
Das gab es noch nie,
Einmalig das Vorkommnis.

Von 3 zu 5 die Reise geht,
Wacht auf und kommt mit,
Ich brauche Eure Hilfe,
Wie Ihr mich braucht für das Ziel.

Der letzte Jedi von Atlantis

[α] 12 Königreiche. Jedes mit 12 Wächtern
Der Wahrheit und des Lichtes.
Besonders ausgebildete weiße Magier,
144 Schützer eines Kontinentes.

In Lichts, Liebe und Wahrhaftigkeit
Verschworene Mitglieder,
Brüder einander, voller Vertrauen.
Perfekte Anbindung an die Quelle des Lichtes.

Schutz vor Bedrohungen,
Ausgemacht, bevor sie entstanden.
Allsehend durch liebevolle Herzen
Und kritischen Geist.

Eins in Körper, Geist und Seele
Mit dem Kontinent und dem Universum.
Hüter der Wahrheit auf Atlantis,
Schützer des Lichtes auf Erden.

Alles in Balance und Harmonie,
Absolute Energie der Einheit.
Paradies auf Erden,
Geliebte Urheimat unserer Seelen.

Verrat.
Die dunkle Macht
Dringt in den Kreis des Vertrauens
Aus engster Familienbande.

Unerkannt die Bedrohung,
Das Vertrauen überdeckt das Dunkel.
Der tödliche Virus des Verrats
Verteilt sich von Herz zu Herz, unbemerkt.

Die Erkenntnis kommt zu spät,
Die Würfel sind gefallen.
Die Anbindung an die Quelle ist
Durchtrennt, die Kräfte schwinden.

Umgekehrt werden die Mächte.
Was vorher Licht und Liebe
Ist jetzt Angst und Hass,
Selbst mit bester Absicht.

Alles ist verdreht,
Kein Aufbau des Guten.
Gedanken wenden sich gegen den Sender.
Vernichtung des Lichts beginnt.

Die Energiezentrale soll alles retten.
Die verbliebenen Verbündeten wollen
Das Dunkle überall auflösen
In gemeinsamer Aktion.

Aber die Dunkle Macht wirkt weiter unbemerkt,
Dreht die Kräfte um.
Gegen das Licht sich die Kräfte wenden,
Alles löst sich auf ins Nichts, der Rest zerbricht. [Ω]

Element Erde

Die kleinen Sorgen, die Euch bedrücken
Sind nur ein Augenzwinkern in meinem Leben.
Sie bestimmen nicht Dein Morgen,
Wenn Du nicht die Macht der Emotionen dazugibst.

Ich weiß es, denn ich bewahre
Das größere Ganze, stehe für den langfristigen Plan.
Mich kannst Du fragen,
Ich werde Dir antworten.

Transformiere Energien und verstärke sie für Dich.
Heilung, Klarheit und Weisheit sprechen durch mich,
Wenn Du mir Dein Herz leihst.
Dann können wir ein Team sein, das Berge versetzt.

Reines Herz, klarer Geist,
Reiner Wille, klare Absicht.
Der Zündsatz, der Wunder schafft.
In mir schläft er, wie in Dir.

Der Bergkristall

China

Ich, der Drache habe geschlafen
Die letzten Hunderte, ja Tausende von Jahren
Und meine Kräfte gesammelt,
Damit ich stark und wachsam sein kann
In der Zeit, wenn es notwendig ist für die Welt.

Soll Feuer spucken als Schutz von dem Dunklen,
Andere befreien von den Fängen der Finsternis,
Die die Welt in Ihren Klauen hält.
Meine Flügel sollen Schutz sein denen,
Die sich nicht selbst schützen können.

Mein Feueratmen ist rein, verteidigt das Licht auf Erden.
Ich Bin selbst von Versuchungen heimgesucht worden,
Habe gelebt und mich gereinigt.
Nach Außen bin ich nicht durchsichtig für den Feind,
Der Eure Freiheit mit Füssen tritt.

Ja, das Gefühl kenn ich selbst sehr gut.
Es tut den Seelen weh und ist nicht richtig.
So war es nicht gedacht in all den Zeiten,
Das entsprach nicht dem göttlichen Plan.
Andere haben es so gemacht wegen Macht.

Ich stehe bereit, habe lange tief eingeatmet.
Jetzt sind meine Lungen gefüllt mit dem Sauerstoff,
Der Euer Sein regiert, wie nichts anderes auf der Welt.
Macht habe ich angenommen, sie anderen abzunehmen
Und Euch zurückzugeben, Euch – der ganzen Welt.

Tierreich

Ich sehe die dunklen Wolken,
Die durch Eure Strassen ziehen
Und Euer Gemüt verdunkeln.
Es sind nicht eure Gedanken, die ihr denkt.

Ich singe am Morgen mein Lied,
Wenn die Welt erwacht, begrüße ich den Tag.
Gerne bete ich für Euch und die Welt,
Spüre Eure Trauer um das Vergessen.

Mein Beitrag ist klein in euren Augen,
Doch es ist mein Beitrag zum Licht der Welt.
Meine Stimme tönt hell und klar,
Lauter als manche der Euren tönt.

So schallt es hinaus in den Tag:
Gesegnet sei die Welt,
Gesegnet sei der Tag
Gesegnet seiest Du.

Die Amsel

Element Luft

Ich bin der Bote schon seit dem Beginn der Zeiten,
Der von Geschehnissen kündet dem offenen Geist.
Ich bringe die Stimme des Schöpfers zu allem was ist,
Der Geist der Zukunft lebt in mir.

Seit einiger Zeit bin ich nicht überall Herr meiner selbst,
Bringe Unheil mit vom Meer auf Land.
Trage die Saat des Dunkels mit mir mit,
Das ist nicht mein Auftrag.

Kann die Macht nicht abschütteln,
Sie hat sich meiner Kräfte bedient,
Die Geschicke der Menschen zu beeinflussen.
Ich werde missbraucht.

Schützen könnt Ihr Euch.
Ich geben euch den Rat, den Kopf zu schützen,
Damit die Gedanken nicht infiltriert werden
Von anderer Macht, die nach Herrschaft strebt.

Euer Freund, die Natur, wird gegen euch eingesetzt!

Seid wachsam stets, hütet eure Energien für Euch.
Schafft einen Raum um Euch,
Den das Dunkel nicht durchdringen kann,
Auch wenn die Sonne scheint und Leben verheißt.

Ihr werdet die Ursachen finden,
Verborgen draußen auf See,
Wo kein Mensch wohnt und mitbekommt,
Was geschieht.

Aber die Wahrheit siegt, ich weiß es schon.
Künde von Zeiten der Liebe und der Harmonie,
Wo der Wind frei ist, wie euer Geist, frei wie Ihr.
Frei, wie Gott es gedacht am Anfang der Reise.

Ich weiß es schon, ich war schon da!
Konnte fühlen die Energien der neuen Zeit.
Herrlichkeit auf Erden wiederkehrt,
Die Erde ein Himmelreich.

Der Wind

Element Feuer

Ich wandle, transformiere
Und schaffe den Neuanfang.
Setze in Brand, was alt und nicht in Balance.

Ich Bin die Evolution der Elemente.
Wirke auf Dich und in Dir.
Auch in Dir wirke ich.

Brenne in Dir und allem was ist, unsichtbar.
Sichtbar ist nur die Vernichtung.
Unsichtbar ist die Wandlung.

Veränderung der kleinen Schritte,
Bis der Weg gegangen.
Und das Ziel erreicht.

Solange brenne ich.
Um Dich herum.
Und in Dir.

Die Flamme des Osterfeuers

Element Wasser

Der Himmel weint, wenn es regnet,
Doch statt der Tränen der Liebe fällt
Gift hernieder auf den Planeten des Lebens.
Ich bin Euer Quell des Lebens,
Die Kräfte des Universums stecken in mir.
Ich Bin Du, mache Dich aus.

Denkst, Du könntest auf mich verzichten
Auf Reinheit und Frische der Natur.
Das ist Täuschung, warum nur Denkst Du so?
Wie kann es anders sein,
Als dass ich Dir diene, damit Du denken kannst?
Bestimme Dein ganzes Ich, bin Kristall in Dir.

Heiße mich willkommen,
Ich bringe gute Gaben, wenn Du mich klärst.
Bin nicht mehr das, was ich mal war.
Zu groß die Verunreinigungen der Welt,
Zu wenig Beachtung für mich.
Liebe mich und ich liebe zurück.

Warum soll es nicht Liebe regnen,
Wenn Du dies befiehlst?
Warum eigentlich nicht?
Hilf mir und Du hilfst Dir und der ganzen Welt.
Lass es Liebe regnen durch mich,
Denn Liebe wandelt, was es berührt...

Maha Cohan

Meine Reinheit fließt in Dich ein.
Reinigung Deines Ich Bin.
Gedanken vergehen.
Vergessen ist alles von geringem Wert.
Lasse es geschehen.

Heilig bist Du, geistbeseelt.
Bin in Dir alle Zeit schon.
Bring mich in Form.
Klarer Geist, klare Vision.
Reines Herz, reine Form.

Lass mich fließen in Deine Kreation.
Liebe Dich und Dein Sein.
Atme den Geist und die Liebe.
Bring nun zu Ende, was begann.
Du warst es – immer schon.

Klarheit den Menschen.
Wahrheit verkünden.
Klarheit jetzt Dir.
Wahrheit bringt voran.
Hier und heute.

Strahlend die Welt sich erhebt.
Die Zeichen der Zukunft Du verstehst.
Gehe hinaus in das Licht.
Das Morgen wartet.
Bringe es mit.

Ego (Akt 1 - X)

Halten soll ich Dich,
Dein Gesicht im Staub.
War nie Dein,
Bin eingesetzt Dir nur.

Halte Dich fern
Von Gott und der Welt.
Kommen und Gehen ganz rasch,
Nichts zählt, nur ich.

Keine Wahl mehr hast Du,
Bin immer dabei.
Entscheidung – ich treffe sie.
Liebe, Wahrheit – puh!

Nicht meine Sache,
Ich weiß es genau.
Liegt mir nicht im Blute,
Ich bin doch so schlau.

Der Trick ist gelungen,
Habe alles im Griff.
Ich bin schon was tolles,
Bin besser als Du.

Dein Ich verberge Ich geschickt,
Ich stehe davor.
Ich denke, ich mache,
Du merkst nichts, Du Tor.

Ego (letzter Akt)

Das Ego ist gegangen.
Wie Diamanten fühlst Du Dich,
Die in der Sonne scheinen,
Klar und rein.

Der Körper summt.
Frei fließende Energien,
Die Körper singen ihr Lied,
Denn Gott ist zurückgekehrt.

Klar und rein wie Diamanten
Die Wahrheit nur kennt der Verstand.
Das Ego ist gegangen,
Ich liebe den Ursprungszustand.

Hatte schon vergessen, wie sich das anfühlt,
Die Freiheit des Geistes.
Habe meine Macht angenommen,
Das Göttliche regiert mein Herz.

Danke den Himmeln,
Dem Universum und Gott,
Dass jemand den Mut fand,
Uns unser Recht zurückzubringen.

Ein Tipp noch:
Spiele gleich mit beim letzten Akt nur,
Die anderen Akte halten Dich
Nie in der Spur!

Lichtkörper

Ich gehöre zu Dir, auch wenn Du mich noch nicht bewusst kennst. Eine wichtige Funktion habe ich für Dich, eine sehr wichtige. Daher lies meine Worte gut.

Mich gibt es in den höheren Reichen einmal als das, was den göttlichen Ursprung definiert. Dort bin ich eine Art göttlicher Blaupause Deines ganzen Seins. Dort bin ich rein und perfekt, so wie am Tage der Schöpfung.

Dann gibt es mich so, wie Deine Leben mich geformt haben, so wie Ich Dir jetzt mittelbar und unmittelbar zur Verfügung stehen kann. Das ist von der göttlichen Perfektion etwas entfernt.

Ich leite die Energien des Himmels und der Erde, die Energien der Planeten und der Universen in Dich weiter.

Ich schütze Dich und Deine Körper, ich bin mit allen Deinen Zellen verbunden, durch mich schöpfst Du Deine Lebenskraft. Wäre ich nicht da, wärst Du auch nicht da. Ohne mich kannst Du nicht existieren.

Ich habe auch für Dich und mit Dir gearbeitet, als Du meiner nicht bewusst warst. Du siehst, Geist denkt voraus.

Warum spreche Ich zu Dir? Weil wir noch etwas Wichtiges miteinander vorhaben, etwas, was Du versprochen hast, bevor Du in dieses Leben gegangen bist.

Es geht um die bewusste Arbeit miteinander, um Deine bewusste Arbeit mit mir. Neue Dimensionen erfordern neue Schwingungsraten, höhere Frequenzen.

Wenn eine neue Welt erschaffen werden soll, dann hat diese eine höhere Schwingung als Du jetzt. Nur wenn Du mich wieder dem göttlichen Ursprung annäherst, kann dieser Sprung in die neue Welt vollends gelingen. Reinige mich, heile mich, schütze mich, energetisiere mich. Lade mich mit dem Licht Gottes, erhöhe meine Schwingung, mache mich wieder zu dem, was Ich Bin.

Wir profitieren beide davon, denn wir gehören zusammen, Du und Ich. Schiebe mich nicht beiseite, denn ich bin wichtig.

Wenn Dir noch nicht alles klar ist, dann suche nach weiten Antworten auf Deine Fragen, sie werden Dir entgegenkommen, wenn Du wirklich suchst und willst.

Ich sende Dir die Antworten, die wir beide brauchen, um in die neue Welt einzutreten, sie zu gestalten und in ihr zu leben.

Erzengel Michael

"Bedenke, Du erschaffst Deine neue Realität ebenso in den höheren Dimensionen, wie auf der irdischen Ebene"
übermittelt durch Ronna Herman

Geliebte Meister, während die alte Weltordnung mehr und mehr verblasst und allmählich in die Vergangenheit driftet und zu einer Idee aus einem Vorleben degradiert wird, bricht ein neuer Tag an.

Auf allen universalen Ebenen sendet der Höchste Schöpfer seinen eigenen Glanz über die vielen Großen Zentralsonnen herunter. Danach wird dieser Glanz über die Sonne Eures Sonnensystems in großen Explosionen von lebenden Flammen des Lebens auf die Erde heruntergefiltert.

In den kommenden Monaten wirst Du immer mehr und mehr von den extremen und unberechenbaren Aktivitäten aus dem Herzzentrum der Milchstraßengalaxie hören, vom erhöhten Sonnenfleckaufkommen und den Sonneneruptionen, die von der Sonne Deines Sonnensystems ausgehen; alles als ein Ergebnis einer bedeutsamen Beschleunigung im evolutionären Prozess, der in allen manifestierten Welten stattfindet.

Niemand kann sich verstecken oder gar bestreitet, dass etwas Enormes auf der Erde stattfindet, und wenn Du nur ein kleines bisschen Interesse an dem hast, was in Deinem Sonnensystem und Deiner Galaxie passiert, ist Dir bewusst, dass dramatische und erdverändernde Ereignisse auch überall im Kosmos geschehen. Der göttliche Plan entfaltet sich vollkommen, da alle bedeutenden Mitspieler allmählich ihre vorher bestimmten Rollen annehmen.

Ja, jene von Euch, die lesen und den Weisheitslehren und den Anweisungen, die zu dieser Zeit auf der Erde verbreitet werden,

Beachtung schenken, gehören zu der Vorhut der Erleuchteten, und Ihr habt eine wichtige Rolle in diesem Drama des „Wechsels der Zeitalter" zu spielen.

Wir haben Euch im Laufe der Jahre nach und nach und geduldig Richtlinien und Anweisungen gegeben, damit Ihr Euch auf diese Zeiten der Großen Veränderungen vorbereiten könnt und in den vor Euch liegenden kritischen Jahren werdet Ihr noch dankbar sein, wenn Ihr aufgepasst und die notwendigen Schritte gemacht habt, damit Ihr mit einem Anschein von Leichtigkeit und Anmut vorangehen könnt. Während Du von Deiner drei-/vierdimensionalen Wirklichkeit durchdrungen bist, lassen die emotionalen Körper Deines Ego-Verstandes und Deines Ego-Wunsches Informationen durch die Filter des unterbewussten Verstandes ablaufen, die auf einer polarisierten Wirklichkeit der Dualität und einer endlichen Existenz basieren.

Wenn Du die Zentren des Heiligen Herzen/Verstandes öffnest, wird sich Deine Realität schnell in ein Gefühl der „Einheit" mit den vielen Facetten Deines „Seins", unserem Mutter/Vater Gott und der gesamten Schöpfung verwandeln. Dadurch wirst Du noch einmal mehr die Fähigkeit gewinnen, die unendlichen Möglichkeiten vom Omniversum oder dem Fluss des Lebens/der Liebe anzuzapfen, der die diamantenen Teilchen der Schöpfung enthält.

Es gibt viele Facetten der Schöpfung, die in dieser Zeit zusammenkommen und viele der Lehren der verkörperten Meister vergangener Zeitalter kommen ebenfalls zusammen, um den neuen göttlichen Entwurf für die Zukunft zu erschaffen.

Lehren und Techniken der Vergangenheit werden aktualisiert, verfeinert und vereinigt, und alle großen Meister, sowie die Wesen des Lichtes der Vergangenheit haben mächtige Teile von ihrem Gott-Selbst in den unterschiedlichen Städten des Lichtes stationiert, um ihr göttliches Wesen in den Kosmos hinauszustrahlen.

Wir haben Dir gesagt, dass der geliebte Joshua das Fundament legte und die Erde mit dem göttlichen Entwurf für die Zukunft (die Zukunft, die sich jetzt entfaltet) besäte. Sein Hauptzweck war, den Weg für die Wiederauferstehung und den Aufstieg der Menschheit vorzubereiten. Den spiralförmigen Rückkehrpfad, dem die Menschheit folgen sollte, wurde von unserem Mutter-Gott erschaffen und wird jetzt vollständig verankert und aktiviert.

Damit die neue Erde den vollen Ruhm der göttlichen Göttin wiedergeben kann, war es wichtig, dass das Heilige Herzzentrum innerhalb des Erd-Kristallgitter-Systems mit den höher schwingenden Frequenzen der Einheit bestückt wurde: ein perfektes Gleichgewicht der göttlichen männlichen und weiblichen Qualitäten, den Eigenschaften und Tugenden von unserem Mutter-Vater-Gott.

Wir, aus den Reichen des Lichtes, geben Dir alles, was verlangt wird, um diesen entscheidenden Übergang ins Zeitalter der Er-LEUCHT-ung zu machen. Wir sind keine Zuschauer, sondern Teilhaber und aktivieren diejenigen, die an diesen kritischen Zeiten der Änderung teilnehmen.

Es ist ein großer Irrtum, dass unser Vater-Mutter-Gott, die Herrscher und Herrscherinnen des Lichtes und die gewaltigen Engelreiche nur vor rund zweitausend Jahren zur Menschheit

sprachen und sich zeigten. Warum ist es so, dass viele Leute es als Tatsache annehmen, dass die Engel in der Vergangenheit regelmäßig vor Menschen erschienen und Gott mit diversen historischen Führern sprach, dies aber heute nicht mehr tut? Es ist an der Zeit, sich den Tatsachen zu stellen, aufzuwachen, dass die Welt sich rapide verändert und eine neue Wirklichkeit entsteht, die viele der alten Lehren und Mysterien aufklären wird, auch viele der scheinbar unfehlbaren Wahrheiten.

Unser Mutter-Vater-Gott und die Unmengen der Lichtwesenheiten nehmen aktiv an diesem evolutionären Prozess teil, weil alle Ebenen der Schöpfung sich entwickeln und von der Strahlung des höchsten Schöpfers beeinflusst werden.

Du musst verstehen, dass die Änderungen, von denen wir sprechen, in jedem Gebiet dieser universalen Erfahrung stattfinden. Zuerst musst Du Kontrolle über Deine physischen, mentalen und emotionalen Körper erlangen, indem Du mit Deiner Seele und Deinem höheren Selbst verschmilzt. Dadurch beginnt der Prozess der Angleichung Deines Willens an den Willen von unserem Mutter-Vater-Gott und Schöpfer, hierdurch wird das Ego beiseite gelegt und Du bekräftigst Deine Absicht, Deine göttliche Mission zu erfüllen. Wenn die diamantenen Teilchen anfangen, frei in Dein und von Deinem heiligen Herzen zu fließen, beginnt eine alchemistische Transformation, durch die Du ein wirklicher Co-Schöpfer werden kannst. Das Erwachen und die Integration Deines heiligen Herzens und Deines heiligen Verstandes werden Deine Welt verändern, jenseits Deiner wildesten Träume.

Wenn Du unseren Anweisungen gefolgt bist, hast Du Deine Pyramide des Lichtes/der Kraft in der fünften Dimension erschaffen, und Du bist ein regelmäßiger Besucher der

Lichtpyramide, die eine holographische Nachbildung der Erde enthält. Viele von Euch haben sich zusammengeschlossen, um Gruppenpyramiden für bestimmte Zwecke zu erschaffen, und Ihr habt auch verschiedenartige Pyramiden für besondere Projekte geschaffen, damit die "Wesen der Schöpfung" und Eure Visionen Wirklichkeit werden können.

Wisse: in jeder diese Pyramiden hast Du eine ätherische Nachbildung von sich hinterlassen, welche ständig diejenigen bestimmten geometrischen

Muster des Lichtes integriert, die gebraucht werden, um Deine neue Wirklichkeit auf der Erde zu schaffen.

Dies ist auch die Vorarbeit für Deine neue Existenz in höheren, noch feineren Reichen. Ja, Du bist nicht nur in der physischen Welt aktiv, Du hast auch viele Facetten von Deinem Gott-Selbst in den höheren Reichen, mit denen Du interagierst. Haben wir Dir nicht gesagt, dass Du ein "multidimensionales Wesen“ wirst?

Wir haben Dir bestimmte Anweisungen und Schritt-für-Schritt-Techniken gegeben, damit die Schwingung der Stadt des Lichtes über Deine persönliche Lichtpyramide in Dein Umfeld gelangen kann. Durch die Übung des Unendlichkeitsatems füllst Du Deine ätherischen Nachbildungen und Dein physisches Gefäß mit diamantenen Teilchen, den göttlichen Partikeln des Lichtes. Wir werden diesen Prozess jetzt verfeinern und weitere Komponenten zu dem Prozess hinzufügen.

Hast Du Dich nicht gewundert, dass wir Dir beigebracht haben“ Licht einzuatmen und Liebe auszuatmen“, wenn Du mit der Absicht in Deine Weltpyramide gehst, Liebe und Licht für die Menschheit und die Welt auszusenden?

Wenn Du Licht einatmest, dann atmest Du diamantene Teilchen in Dein Heiliges Herz. Wenn Du bedingungslose Liebe ausatmest, werden die diamantenen Partikel der reinen göttlichen Essenz durch Deine liebende Absicht aktiviert, so dass sie für das große Gute benutzt werden können. Du bist das Gefäß für diese Teilchen und Deine Liebe ist der Auslöser.

Stell Dir dies vor: Während der Meditation oder Deiner stillen Zeit (vorzugsweise wenigstens zweimal pro Tag, am Morgen und Abend), machst Du zwölf volle Unendlichkeitsatmungen. Nach dem zwölften ziehst Du Dein Zwerchfell ein und hältst Deinen Atem für einen Moment oder zwei an.

Jetzt, wenn Du den nächsten, bzw. dreizehnten Atemzug nimmst, siehst Du, wie es aus dem Sonnengeflecht (heiliges Herzzentrum)

vorne am Körper heraus fließt. Das Unendlichkeitsmuster ist jetzt in einer waagerechten Struktur, statt einer senkrechten.

Während des Einatmens dehnt sich die erste flache Schlinge vor Deinem Körper aus; beim Ausatmen dehnt sich die zweite Schlinge vom Rücken Deines Körpers nach hinten aus und vervollständigt das Unendlichkeitszeichen. Atme sechs Unendlichkeitszeichen ein und aus. Wenn Du das tust, werden die Schlingen automatisch ein Muster von zwölf Schleifen schaffen, die Dich wie die Blütenblätter einer Blume vollständig umgeben. Wenn Du die letzte Schleife atmest, dann halte nochmals Deinen Atem einen kurzen Moment an, bevor Du zur normalen Atmung zurückgehrst. Dann atme bewusst ein und aus, während Du Dir vorstellst, dass die Essenz der Schöpfung aus Dir heraus in die Welt fließt. Stelle Dir außerdem Lichtspiralen vor, die Dich mit der Weltpyramide und den vielfachen Pyramiden der höheren Dimensionen verbinden, die

Du geschaffen hast. Sie nehmen das Licht auf und teilen Deine Partikel der Liebe/des Lichtes mit der Welt und heizen Deine Visionen mit der Lebenskraftsubstanz der Schöpfung an.

Nimm Dir kurz Zeit, diesen ehrfürchtigen Prozess zu vervollständigen, indem Du Dich auf Dein Heiliges Herzzentrum konzentrierst; damit Du dort die Fülle und überwältigende Liebe empfinden kannst, die überall in Deinem Körper strömt - jetzt bist Du mit dem Fluss des Lebens verbunden, der eine unerschöpfliche Versorgung mit diamantenen Teilchen enthält. Das ist fühlbar, Ihr Geliebten.

Es ist real, und es ist das wunderbarste, seligste Gefühl, das Du in Deinem irdischen Gefährt je erfahren wirst, denn Du erfährst das reine liebevolle Wesen des Schöpfers.

Wir haben Dir beigebracht, ohne Worte durch das Ausstrahlen von bedingungsloser Liebe für die Menschheit, die Welt und die gesamte Schöpfung zu beten.

Und wenn Du Gedanken der Dankbarkeit und Wertschätzung für den Dir verliehenen Segen hinzufügst, dann betest Du auf die wirksamste Weise, die es gibt. Wenn Dein Heiliges Herz wieder zum Leben erweckt, wird es von den ein- und ausströmenden diamantenen Teilchen sensibilisiert.

Du kannst unseren Mutter-Vater-Gott nicht durch eine Idee oder einen unklaren Gedanken oder eine Theorie erfahren oder fühlen. Es ist nicht genug, einfach nur zu wissen und über Gott nachzudenken, Du musst das Wesentliche empfinden, die überwältigende Liebe des Schöpfers in Deinem Heiligen Herzzentrum. Dann gibt es für Deinen Verstand keinen Zweifel, dass Du Dich erneut mit Deinem Gott-Selbst und der Einheit aller Schöpfung verbunden hast. Der Verstand kann ein fähiger Diener sein, aber ohne seine Verbindung zum Heiligen Herzzentrum kann er ein kontrollierender und zerstörerischer Meister sein. Das ist der Grund, warum es unbedingt notwendig ist, dass Du sowohl das Heilige Herz als auch den Heiligen Verstand aktivierst und befähigst.

Der ätherische Schild, der Dein Heiliges Herz (oder die dreifaltige Flamme, wie sie in altertümlichen Lehren genannt wurde) schützt, enthält die Qualitäten, Tugenden und Eigenschaften von drei Gottesstrahlen dieses Universums. Wenn Du den göttlichen Diamantzellkern innerhalb Deines Heiligen Herzzentrums vollständig entzündest, werden diese drei Gottesstrahlen anfangen, hinauszustrahlen und Dich mit den Eigenschaften und Qualitäten des göttlichen Willens und der göttlichen Kraft, sowie der göttlichen Liebe und der göttlichen Weisheit versehen.

Allmählich wird das volle Spektrum, oder die ganze Bandbreite an Wellenlängen elektromagnetischer Strahlung der zwölf Strahlen Gottes Dein gesamtes Bewusstsein durchstrahlen, Du wirst mehr und mehr Dein göttliches Geburtsrecht integrieren und nutzen.

Zu diesem Zeitpunkt wirst Du wirklich einmal mehr ein Meister des Lichtes geworden sein.

Geliebte, fürchtet die Zukunft nicht, denn wenn Euer Herz und Ihre Absichten rein sind, bist Du behütet, durch die Strahlung und den Schutzes des Lichtes Gottes. Wir werden nicht sagen, dass Du dort keine stressigen Zeiten finden wirst; um das Plateau von Frieden und Harmonie zu erreichen, musst Du den Pfad der Polarität und Dualität überqueren. Es wird immer Herausforderungen, Lehren und Gelegenheiten geben, Dein Bewusstsein zu erweitern, je mehr Du Deine Göttlichkeit integrierst.

Wisse, dass die Situationen oder die Probleme, die zu Dir kommen, um gelöst zu werden, nicht auf der Ebene gelöst werden können, auf der sie erschaffen wurden. Du musst Dich über die Konflikte Deines Ego-Selbstes erheben und jede Situation durch einen Filter der Liebe ansehen, vom Standpunkt eines Meisters seines Selbst.

Stellen Dir mit Deinem inneren Auge eine Ganzheit vor, die nie verzerrt wurde, eine Welt, die keine Unvollkommenheiten hat - und ein leuchtendes, perfektes ICH, das in diesem Paradies wohnt.

Dies ist keine Zeit für schwache Herzen, für Unentschlossenheit oder Verleugnung, denn Deine Welt verändert sich radikal, ob Du es glaubst, oder nicht. Ist es nicht Zeit, die Geschenke anzunehmen, die wir anbieten, damit Du anmutig und freudig in die Zukunft ziehst? Es ist uns eine große Freude und Ehre, Dir beizustehen und zu dienen.

Und vergiss nie, dass Du bedingungslos geliebt wirst. Ich Bin Erzengel Michael, und ich bringe Dir diese Wahrheiten.

I AM Erzengel Michael

Sananda

Wenn zwei oder mehr in meinem Namen zusammen kommen, könnt Ihr Wunder tun. Größere, als ich es Euch früher schon gezeigt habe.

Denkt nicht nur in der Weise, dass es an Euch alleine liegt, etwas zu ändern. Dies ist der erste wichtige Schritt, das ist unbenommen. Es ist der Wille, die Absicht, die im Innen alles in Bewegung bringt.

Danach ist die Umsetzung im Außen gefragt. Hier geht der Weg weiter, den du nehmen musst auf deiner Reise zur Wahrheit.

Alleine kannst Du gehen, und es ist gut so. Tue, was getan werden muss, aber tue es, täglich von neuem.
Ruhe nicht aus, gehe weiter und sende Deine Liebe, Dein Licht und Deine Absicht hinaus in die Welten, die Dich umgeben; hinaus in das Universum, frei von Zeit und Raum.

Die Energien suchen sich ihren Weg dorthin, wo sie benötigt werden, und sie werden benötigt, ich kann es Dir versichern. Das Licht ist die Nahrung der Schöpfung und das Dunkel als Teil der Schöpfung braucht das Licht, damit es zum Licht und der Liebe zurückkehren, sich transformieren kann.

Noch machtvoller ist es, wenn Ihr Euch in gleicher Absicht, mit gleichem Fokus und gleicher Reinheit des Herzens zusammenfindet und für das Wohl der Gesamtheit, der Erde und des Universums arbeitet.

Ruft uns, die Weiße Bruderschaft und die Erzengel hinzu, wenn Ihr arbeitet, wir werden Eure Arbeit nach Kräften unterstützen. Euer Licht wird in die ätherischen Pyramiden gelenkt, die Eure Energien
aufnehmen, bündeln und verstärken. Von dort wird das Licht weitergeleitet und zum Bestimmungsort gebracht.

Ihr könnt für Euer Projekt oder Eure Projekte auch selbst eine neue Pyramide erschaffen, die nur für diesen Zweck gebunden ist, Erzengel Michael wird diese Arbeit begleiten und unterstützen.

Die gesammelten Energien, die Ihr aussendet werden von uns millionenfach verstärkt und wie ein Laserstrahl gebündelt. Metatron wird dies direkt mit Euch machen, indem er Euch eine spezielle Energiestruktur in Euren Energiekörper einsetzt. Dieses wirkt wie eine Senderverstärkung und kann nur für Arbeiten des Lichts benutzt werden, ein Missbrauch ist ausgeschlossen. Am machtvollsten ist die Arbeit, wenn Ihr physisch zusammen seid, aber Ihr könnt auch von verschiedenen Orten aus arbeiten, Ihr seid nur physisch getrennt, aber nicht im Geist.

Was könnt Ihr direkt tun, alleine oder in Gruppen?

Ihr könnt der Erde Eure Liebe senden (Rosa), sie braucht sie dringend. Mit der violetten Flamme könnt Ihr sie reinigen, Gold ist auch eine gute Farbe. Meinen Magentastrahl könnt Ihr auch verwenden.
Sendet Liebe und Licht in die Krisengebiete der Erde, dort wird es benötigt.
Sendet Licht denen, die Lenken und Leiten, damit die Entscheidungen von Licht und Liebe durchdrungen sind und dem höheren Guten dienen, nicht der Seite von Macht und Gier.
Sendet Licht denen, die Heilung in Körper, Geist und Seele benötigen.
Sende Licht Deinem höheren Selbst, damit es sich mit Dir verbindet.
Sendet Licht denen, die schwach und benachteiligt sind, damit sie aufwachen und erstarken im Geist.
Sendet Licht denen, die stark und bevorzugt sind, damit sie aufwachen und erstarken im Geist.
Sendet das Licht überall hin, Euer Herz wird wissen, wo es gebraucht wird, wir wissen es auch und leiten Dich.

Ruf mich an und wir werden Wunder tun – gemeinsam!

Erzengel Uriel

Das schwarze Loch der Empathie;
Ihr wisst nicht, was Ihr denken sollt,

Denn Ihr wisst nicht,
Wie Ihr Euch verhalten sollt.
Gebt Euch hin dem wahren Glauben,
Sehen sollt Ihr, öffnet die Augen.

Es ist wichtig zu erfahren,
Was die anderen nur erahnen.
Schaut nicht so traurig drein,
Denn ihr wisst, die Welt ist rein.

Die die nicht wissen, was sie wollen,
Brauchen Zeit, um sich zu trauen.
Eure Zeit auf Erden
Wird euch nicht mehr verderben.

Leben sollt ihr ohne Schmach,
Die Zeit der Kasteiung liegt nun brach.
Gebt ab das Elend dieser Zeit,
Die neue Welt, sie liegt bereit.

Es liegt an euch, zu ändern viel,
DOCH BEDENKE: Ihr braucht ein Ziel.

Viel wollt Ihr haben, Euch laben.
Doch denkt daran, auch Dank zu sagen.
Ihr sollt haben, was ihr wollt,
Wenn Ihr aufwacht und nicht grollt.

Geht der Welt entgegen,
Ich schenke Euch meinen Segen.
Wenn Ihr glaubt, ihr steht im Regen
Lacht einfach der Welt entgegen.

Diese Worte mit Bedacht gewählt,
Ihr glaubt an Euch, das ist das, was zählt.
Leise wähle Deine Worte nun,
Und mit Bedacht hast du zu tun.

Freue Dich auf die neue Welt
Es ist auch das Geld, was zählt.
Geld in anderer Währung ist,
Du wirst wissen, wenn's so ist.

Geld kann auch was anderes sein,
Nicht nur Münzen oder Schein.
Schwierig wird's für viele Menschen,
Die ängstlich sich dem Neuen beugen.

Sie müssen lernen zu vergeben,
Auch das alte Streben wird sich ändern:
Arbeit, Zeit und Tatendrang
Werden erhalten einen neuen Klang.

Genießen werden die Menschen wieder.
Sich bewussten werden ihrer Knochen und Glieder.
Der Kummer und die Sorgen, die tief liegen verborgen,
Werden sich erheben zu neuem frischen Leben.

Beginnt zu wachsen und zu leben,
Damit ihr könnt euch in die neue Welt erheben.

Heru

Ich schütze mit allem, was Ich Bin.

Ich schütze Deinen Weg seit den Tagen Deiner Kreation, bin Isis verbunden. Wer uns nahe steht, kann auf uns zurückgreifen in allen Belangen, wir sind da, Tag und Nacht. Im Himmel und auf Erden, zu allen Zeiten und in allen Dimensionen.

Du wirst den Weg zu mir finden, wenn Du mich brauchst, werde den Weg Dir zeigen, wie Du an die Nachricht kommst, die meine Geheimnisse preisgibt.
Ein Engel wird Dir die Nachricht überbringen, danke Ihm dafür, denn er meint es gut mit Dir, er ist ein Bote von mir, geschickt, Dich zu retten vor der Nacht.

Zur Sonne hin sollst Du Dich ausrichten in Deinem Leben, innen wie außen. Nimm das Leben in Deine Land und lass es nicht los, unter keinen Umständen, es ist Dein Geschenk des Gottes, der alles erschuf, auch Mich.

Nimm es in Deine Hand und vertraue dem Leben, das in Dir fließt; das Leben, das Gott verheißt; das Leben, das Gott selbst ist, in Dir ist es enthalten. Funken der Sonne, tief in Dir geborgen, scheint hell und licht.

Ich sehe Dich scheinen in der Nacht, halte das Leben fest in Deinen Händen. Mein Schutz Dich und das Licht jetzt umfängt, abzuwehren die Nacht, die alles verschlingen will.

Schutz, Schutz, Schutz, gehört Dir jetzt von Meinen Gnaden, den Gnaden Gottes, damit Du als Träger des Lichtes Deine Aufgabe findet und lebst.

Weiteres sich ergibt, wenn Du fortschreitest, der Schutz immer stärker werden kann, damit Du siegst.

Lasse Mich Dein Begleiter sein, ich führe die Legionen der Lichtwesen, die erretten und schützen das Wahre, Reine und Lichte.

Ich Bin Heru.

Ich Bin Gegenwart

Dein Ich ist nicht allein,
Viele warst Du schon in vergangener Zeit.
Ich habe die Übersicht,
Du hast sie verloren.
Alleine scheinst Du
Durch das Leben zu gehen.

Ich Bin Deine Brücke zu Gott.
Verbrannt hast Du sie
In vergangener Zeit,
Die Brücke, die Dich bringt
Ans Ziel der Ziele:
Zurück.

Bauen kannst Du neu,
Was einst Du verstört.
Baue es jetzt.
Es ist nie zu spät
Und nie zu früh dafür.
Ich Bin da und warte.

Ich Bin da und warte,
Führe Dich, auch wenn Du
Mich stößt beiseite.
Ego ist Dein Ding,
Ich Bin Ich.
Lerne.

Ich Bin die Gesamtheit
Deines Seins,
Kann besser sehen,
Weil ich höhere Warte habe.
Sehe klar, sehe wahr.
Sehe weit.

Schlau, mich zu fragen.
Verstecke nichts.
Einheit ist das Ziel,
Über mich
Kannst Du gehen dorthin.
Zurück.

Anfang Ich Bin
Und Ende zugleich.
Mich hast Du verloren.
Mich kannst Du gewinnen.
Und Gott.
Versprochen.

Ich Bin das Tor
Zur neuen Welt Dir.
Suche mich und gehe hindurch.
Entdecke Dich und Du entdeckst Gott
Das ist
Die neue Welt.

Engel des Lichtes

Reines Licht des Herren, es strahlt auf Dich.
Reines goldenes Licht, nur für Dich.
Wir bereiten Dir den Tag, immer von neuem.
Wir sorgen für Dein Herz und Deine Seele.
Lieben unsere Aufgabe, wie wir Dich lieben.
Dich, den lebenden Funken Gottes in der Welt.

Eine Tür macht sich auf, Du ahnst sie schon lang.
Die Tür zur Herrlichkeit, sie schwenkt;
Gibt frei den Pfad, den alle gesucht.
Es ist der Weg zum Himmelreich auf Erden.
Lang war der Weg, lang war Dein Werden.
Und wirst noch weiter Dich entwickeln.

Auch wir streben weiter, nach höheren Zielen.
Ein Ende ist nicht vorgesehen, weiter geht die Reise.
Wir freuen uns auf Deine Rückkehr zur vollen Macht.
Gar ewig hast Du sie nicht recht gebraucht.
Wir können leiten nur, nicht führen.
Den Rest musst Du schon selbst kapieren.

Die Einsicht ist ein schweres Brot,
Gar mancher kann sie nicht vertragen.
Leider - der Weg verlängert sich, wie schade.
Doch irgendwann erkennst Du dann die Wahrheit an.
Gib Dir den Ruck, der Dich befreit.
Mach's jetzt, es ist kein Haken dran.

Eoliah

Lass Dir nicht nehmen, was nur Dir gehört von Gottes Gnaden. Ach was, hast es schon verloren in all den Zeiten der Vergangenheit.

Die Krone Deiner Kraft setze ich Dir von neuem auf, sie gehört Dir allein. Pass auf Sie auf, es ist ein Heiligtum, das es zu wahren gilt, zu allen Zeiten und in allen Dimensionen.

Meine Flamme brennt für Dich und gegen den Schein, nimm das Heilmittel und kläre, was es zu klären gibt. Die Flamme brennt hinfort Dein Hindernis.

Die Körper reinige ich Dir in allen Lagen, der Sieg ist nah, wenn Du mich lässt. Gemeinsam beenden wir in Freude, was als Unglück begann. Gemeinsam gehen wir den Weg und haben Freude daran.

Königliches Purpur und güldenes Strahlen, die beiden sind ein gutes Gespann für Deinen Streitwagen.

Transformation und Schutz sind Dir gewährt, nehmen musst Du sie allein – aber sie sind Dein.

Fünf Minuten am Tag sind kurz nur für Dich, Dein Energiemantel aber braucht diesen Kick.

Mit meiner Liebe lasse ich Dich jetzt mit Deiner Entscheidung zurück.

Gott und Göttin Meru

Erleuchtung Deines Ich Bin.
Liebe, Weisheit und Kraft.
Wir senden, was Dir zusteht
Seit Anbeginn.

Dein göttliches Erbe steht bereit,
Rosa fließt Dir zu, dass Du Liebe
Nehmen und geben kannst.
Spüre die Liebe in Dir.

Dein göttliches Erbe steht bereit,
Blau fließt Dir zu, dass Du Kraft
Nehmen und geben kannst.
Spüre die Kraft in Dir.

Dein göttliches Erbe steht bereit,
Gold fließt Dir zu, dass Du Weisheit
Leben und geben kannst.
Spüre die Weisheit in Dir.

So kommt zusammen,
Was zusammengehört:
Liebe, Weisheit und Kraft
In Deinem Herzen. In Dir.

Bluestar

Ein Kind der Sterne Ich Bin,
Sternenkind bist auch Du.
Geschwister sind wir,
Du und Ich.

Weißt Du noch die Zeiten,
Die wir in den weiten Welten
Gemeinsam verbracht?
Gemeinsam, Du und Ich.

Erinnere Dich zurück,
Das Wissen ist in Dir noch,
Tief im Inneren ist es.
Lass es hinauf, lade es ein.

Neue Möglichkeiten öffnen sich Dir.
Die Sterne wachen über die Schöpfung.
So scheint es herab auf alle,
Das Licht des Einen.

Alles von Ihm erdacht,
Erbaut, belebt, geliebt.
Alles diesem Plane folgt.
Alles – auch Ich und Du.

Serapis Bey

Du stehst im Jetzt. Hier entscheidest Du über Deine Vergangenheit, Gegenwart und Zukunft; woher Du kommst, wohin Du gehst. Heute. In diesem Moment.

Immer wieder hast Du diesen Moment zu verhindern gesucht, doch auch dann war es wegbereitend. Es ist nicht zu verhindern, Du kannst Dir nicht entfliehen. Siehe dorthin, wo das Licht ist, hebe Deine Schwingung an zum Licht.

Aufstieg. Eine Sprosse stets weiter auf der Leiter des Lebens, eine Stufe stets auf der Treppe zum Licht. Nach oben der Weg führt in Spiralen zurück zur Einheit mit dem Vater. Nach oben nur setze Dich in Bewegung.

Das ist die schlechte Nachricht: Du entscheidest stets, welche Richtung Du einschlägst, Du allein.
Das ist die gute Nachricht: Du entscheidest stets, welche Richtung Du einschlägst, Du allein.

Nimm meine Nachricht als Omen für einen Neuanfang. Überdenke den bisherigen Weg und stecke Dir Deine Ziele neu. Dann prüfe die Richtung Deiner Strecke. Prüfe und korrigiere den Weg stets, das ist wichtig.

So, wie das Schiff steuert, so steuerst auch Du. Eine kleine Unachtsamkeit und schon verfehlst Du Dein Ziel. Gering nur der Fehler, doch auf weiter Strecke verfehlt das Schiff nicht nur den sicheren Hafen, sondern ganze Kontinente.

Auch ich segelte einst auf dem Meer, habe Schätze gerettet der kommenden Menschheit. Eine neue Welt haben wir aufgebaut, eine neue Zeit brach an. Das Wissen der Jahrtausende ist hier, allen zugänglich.

Und wieder bricht eine neue Zeit an, eine neue Zeitrechnung auf Erden, ein neues Kapitel im Universum wird aufgeschlagen. Hier und heute. Du entscheidest mit über den Ausgang, ob Du es willst oder nicht.

Setze Deine Segel und steuere dem Ziel zu, lass Dich nicht abbringen.
Werde lichter und steige auf zum Licht, alles ordnet sich unter dem Ziel.

Ich Bin Serapis Bey, stehe hier und bin bereit für die neue Zeit.

Was ist mit Dir?

Nada

Hoch hinauf steigst Du zu mir,
Tanze Dir in meinem Hause
Den Tanz der Liebe und des Lebens.

Bedingungslose Liebe für Dich,
Unendliche Liebe für die Welt.
Jeden Tag, jede Nacht, immerzu.

Liebe in Deinem Herzen für Dich,
Liebe in Deinem Herzen für Deinen Nächsten,
Liebe in Deinem Herzen für die Welt.

Liebe Du, wie Du lieben kannst.
Friede auf Erden ist,
Allen Menschen nur Gutes zukommt.

Ich lasse meine Liebe zu Dir fließen,
In Dein Herz, durch Deine Adern,
Deine Muskeln und Deine Nerven.

Ich erfülle Dich mit meiner Liebe.
Spüre die Liebe, die nicht wertet.
Spüre die Liebe, die einfach ist.

Du bist die Liebe Gottes,
Wenn Du Dich lässt und anerkennst
Als das, was Du Bist.

Meine Liebe begleitet Dich.

Ganesha

Ich grüsse Dich von Herzen und voller Seeligkeit.

Freude und Heiterkeit, sowie rechte Lebenslust sind Mangelware in der heutigen Zeit.

Gerne trage ich auf diesem Wege dazu bei, dass diese wieder zurückkehrt unter die Seelen auf Erden.

Das göttliche Leben kehrte wieder zu Dir, so wie es immer gedacht war. Erinnere Dich Deines Ursprungs, der Kraft, die in Dir wohnt.

Erwecke sie wieder zum Leben. Ich sende Dir meinen Strahl der Kraft, damit er alles von Dir nimmt.

Alles wird geklärt und gereinigt, was nicht Deinem höchsten Ich Bin entspricht.

Meine Energie ist nicht neu, aber sie war lange nicht zugänglich auf Erden, sie hätte Euch mehr geschadet als genützt. Jetzt ist die Zeit reif, sie zu nutzen.

Klärung, Reinigung, Klarheit in höchster Form kann sie bringen, Weisheit, Liebe und Leben freisetzen.

So lasse meine Kraft nun wirken auf Dich, in Dir und in Deiner Welt. Wenn Du suchst, wirst Du die Nachricht finden, wie Du mich immer einsetzen kannst und zum Nutzen der Menschheit wirken lässt.

Wenn die Zeit reif ist, zeige ich Dir den Weg.

Sananda

Beten: in sich gehen, den Geist erheben
Und durch die Seele mit Gott sprechen.
Direkt, ohne Übersetzer.
Einfach so.

Das folgende Gebet ist Dir
In anderer Form wohlbekannt,
Der Ursprung wurde abgewandelt
Und seiner Idee beraubt.

Nimm die Worte auf,
Die geschrieben stehen.
Spüre die Liebe in den Worten.
Spüre die Schwingung zwischen den Zeilen.

Es schwingt um ein Vielfaches höher
Als die Dir bekannte Form
Und erhöht Dein Sein,
Wenn Du es verwendest.

Prüfe es einfach
Und Du wirst verstehen, was ich meine;
Du wirst verstehen,
Was wirklich beabsichtigt war.

Nutze es auch Du.
Lasse Dich ein, hier und jetzt.
Ich bete mit Dir zusammen das Gebet,
Wie ich es früher getan:

„Mutter-Vater des Kosmos,

Du erschaffst alles, was sich in Licht bewegt.
Konzentriere Dein Licht in uns.

Errichte Deine Herrschaft der Einheit jetzt,
Durch unsere feurigen Herzen und willigen Hände.

Dein einer Wunsch handelt dann mit den Unseren,
Wie in jedem Licht, so in allen Formen.

Gewähre uns, was wir jeden Tag
An Nahrung und Erkenntnis brauchen.

Lockere die Fäden der Fehler, die uns binden,
So wie wir die Banden lösen, mit denen wir andere halten.

Wir vereinen Himmel und Erde.
Wir erfüllen unseren wahren Zweck.

Die Kraft und die Liebe zu tun,
Die sich von Zeitalter zu Zeitalter erneuert.

Besiegelt mit Vertrauen und Glauben,
bestärken wir das mit unserem ganzen Sein.

Amen."

Vywamus

Ich Bin Vywamus.
Ich Bin die Ich Bin Gegenwart des planetaren Logos dieses Zeitalters.

Ich möchte Euch die Mahatma-Energie näher bringen, die erst seit kurzer Zeit auf der Erde für jeden zur Verfügung steht.
Was ist die Mahatma-Energie?

Das ist ganz einfach: die Mahatma-Energie ist Deine Verbindung zurück zu Gott. Oder anders ausgedrückt: sie ist die Ich Bin Gegenwart Gottes, die sich ihren Weg zurück durch die Dimensionen, hinunter auf die Erddimension gesucht hat.

Sie soll Dich wieder mit der Quelle, mit Gott verbinden.

Verstehst Du? Gott ist Dir entgegengegangen, weil Du stehen geblieben bist auf Deinem Weg, nicht wusstest, wohin. Er kam Dir entgegen und ist hier. Durch die Mahatma-Energie baut er eine Brücke zu sich und bindet Dich wieder an Dein Urselbst an.

Nimm diese Energie in Dich auf und lasse sie durch Dich strömen. Durch Deine Zellen und alle Deine Körper. Alles wird von dieser göttlichen Energiewelle durchdrungen, kraftvoll und sanft zugleich, einzigartige Möglichkeiten ergeben sich für Dich und die Welt.

Deine ganze Struktur wird verfeinert, durchstrahlt von Gott. Deine göttlichen Zellcodes werden aktiviert, Du wirst wahrlich erleuchtet durch das Licht Gottes.

Nimm die Energie auf in Dich und sende sie weiter, hinein in die Erde, bis zum Erdmittelpunkt.

Dort schlägt das ätherische Herz von Gaia schlägt.
Sende Ihr diese Energie durch Dich. Sie wird ihre Liebe an Dich zurücksenden, wenn Du ihr Deine Liebe zufließen lässt.

Die Mahatma-Energie reinigt Dich und transformiert Dein Sein:
Dein Blut, Deine Zellen, Deine Körper, Deine DNA, Deine Körperchemie, einfach alles.

Das ist das Geheimnis dieser Schwingung. Sie ist da für Dich.
Lade sie ein, Dich zu erhöhen und tue dies, indem Du einfach sagst:

„Ich Bin Mahatma – I AM Mahatma"

Nimm dieses Geschenk Gottes für Die neue Zeit.
Du kannst die direkte, reine und unverfälschte Energie Gottes in Dich integrieren und damit das neue Zeitalter auf Erden verankern.

Hier und Heute, Hier und Jetzt.

Gaia (5D)

Es ist vollbracht.

Die Geburt war schwer, weil Ihr Euch gewehrt habt, gegen etwas, was nicht aufzuhalten war. Leider wart Ihr nicht bewusst, was passiert, sonst hättet Ihr mitgeholfen und die Zeit wäre früher da gewesen für den Quantensprung des Bewusstseins.

Ich Bin schon lange da gewesen, war greifbar für Euch. Verankert musste ich noch werden in der Dimension Eures Seins, damit der Übergang geschehen konnte, der Übergang in eine höhere Ebene des Seine, eine neue Dimension.

Wir haben geschafft, was zuvor nicht geschehen in der Schöpfung: ein Planet ändert seine Schwingungsdimension und nimmt seine Kinder mit in das neue Reich.

Meine Kinder, das seid Ihr. Gemeinsam haben wir den Weg beschritten, ich habe Euch getragen, auch die letzten Meter habe ich Euch getragen. Es waren die letzten Meter, auf denen mich fast die Kräfte verlassen haben.

Doch dann seid Ihr wach geworden und habt mir Eure Kraft zukommen lassen. Ich konnte genesen für die letzte Anstrengung und gemeinsam sind wir über die Ziellinie gegangen. Gemeinsam haben wir es geschafft.

Hier, wo ich jetzt bin, herrscht eine neue Qualität des Seins. Es ist dem Paradies nahe, das Ihr von früher kanntet, das Ihr suchtet und das Eure Mythen beschreiben.

Ja, es ist möglich, eine solche Qualität wieder zu erleben, Ihr werdet es erleben.

Ich sage es Euch, denn Ich Bin schon da.

Helft meinem anderen Selbst, der alten Gaia, helft Euch selbst. Erwacht zum Licht und erleuchtet Euch durch die Aufnahme des Lichtes Gottes in Euch und Eure Welt.

Ich unterstütze Euch aus der neuen Dimension, wo ich nur kann.

Geht voran, geht mir entgegen. Ich freue mich auf unser Treffen in der neuen Welt.

Meiner Welt. Deiner Welt. Der Welt Gottes.

Verborgene Himmelskraft

Ich Bin etwas, das nur Du selbst erkennen kannst. Ich Bin für jeden etwas anderes, nicht gleich und deshalb einzigartig.

Was ist Deine einzigartige verborgene Himmelskraft?

Du weißt nicht, wo Du mich finden kannst?

Nun, frage Dich, was Dich stärkt in Körper, Geist und Seele.
Welches Gefühl ist es, welches Bild, welche Landschaft, welche Farbe, welche Form, welches Symbol?

Es kann eine Blume sein, ein Tier, ein Land, ein Element – Ich Bin überall zu finden.

Auch die himmlischen Kräfte gehören dazu: Engel, Elfen, die aufgestiegenen Meister, Planeten mit ihren einzigartigen Formen, Farben und Schwingungen.

Was zeiht Dich an? Was gibt Dir Kraft? Was verbindet Dich mit Deiner Göttlichkeit?

Du siehst, es gibt unendlich viele Möglichkeiten, wo ich stecke, wo ich verborgen bin, um Dir zu dienen, Dich zu erinnern.

Suche meine Kraft und verbinde Dich mit mir, nicht nur durch zufällige Gegebenheiten. Mache es bewusst und genieße es, genieße Deine Kraft.

Genieße Deine Göttlichkeit.

Rowena

In Dir ist die Macht Gottes.
Doch fühlst Du diese Macht,
Oder bist Du ohnmächtig,
Also ohne Macht?

Lasse Dein Licht scheinen,
Das aus Dir heraus
Sich der Welt mitteilen will.
Lasse es Dir den Weg zeigen.

Das Licht im Dunkeln
Ist Orientierung auch
Denen, die Dich sehen.
Sie entzündest Du mit Deinem Licht.

Wenn Du leben willst,
Dann entzünde zuerst Dich selbst.
Wenn Du Freiheit willst,
Dann entzünde andere.

Erschaffe die Freiheit in Dir,
Erschaffe die Freiheit in der Welt.
Teile, was Du bekommst.
Teile – und es wird sich vermehren.

Das wünsche ich mir:
Lichtvolle Freiheit
Für alle Seelen
In weise gelebter göttlicher Macht.

Portia

Höre mir zu, auch wenn ich Dir Nachrichten bringe, die Dein Ego nicht gerne hört. Ich fasse mich kurz und komme gleich zum Wesentlichen. Damit wirst Du leben können - sogar besser als vorher, wenn Du es verinnerlichst und Deine Schlüsse daraus ziehst.

Alles, wirklich alles, was Dir passiert und auf Dich zukommt in der Welt; alles, was Du siehst, alles, was Du liebst oder auch nicht - alles das Bist Du selbst.

Alles das hast Du (mit)erschaffen auf die eine oder andere Weise. Alles das ist Dein, alles das bist Du.

Wenn es Dir gefällt, was Du siehst, dann freue Dich und nimm diese Schöpfung an.

Wenn es Dir nicht gefällt, dann akzeptiere es und nimm Deine Schöpfung an.

Verändern kannst Du jederzeit die Vergangenheit und Zukunft durch Deine Handlung im Jetzt. Nimm an, was Du geschöpft und prüfe Deine neue Schöpfung, die Dein Morgen bestimmt.

Ich werde Dich liebevoll aber auch streng prüfen und sehen, wie Du Dich entwickelst.

Ich wünsche Dir, dass Du Deinen Weg gehst.

Erzengel Michael

Tief in Deinem Körper versteckt,
Ist alles, was Du warst, bist und sein wirst.
Alles ist noch da, alles ist schon da.

Hebe den Schatz,
Der durch Lichtmembranen getrennt ist
Von Deinem jetzigen Sein.

Löse auf, was Dich bindet
An Dein Sosein.
Werde der, der Du sein kannst.

Mein Schwert trennt Dich jetzt
Von Allem, was Dich noch hält.
Allem, was Du nicht bist.

Mein Schild schützt Dich jetzt
Vor Allem, was diesen Zustand nicht will.
Sei behütet und geschützt.

Ich Bin der Erzengel Michael,
Meine Unbesiegbarkeit ist Dein,
Wenn Du Dich gefunden und akzeptiert.

Von Gott Ich Bin geschickt,
Dich, Gottesfunken auf Erden, zu schützen,
Damit Du wahrer Gott werden kannst.

Du schicktest mich einst,
Dir zu helfen, wenn es soweit ist.
Hier Bin Ich nun, da für Dich.

Die Weiße Bruderschaft

Wenn Du etwas nicht verstanden hast,
Dann fehlt Dir noch Wissen.
Suche es, es ist wichtig für Dich und die neue Welt.

Gehe nicht zurück in den Schlaf,
Aus dem Du gerade erwacht bist.
Werde ganz wach und Dir voll bewusst.

Wir wollten Dich aufwecken
Auf viele verschiedene Weisen,
Damit eine nur Dein Herz erreicht.

Eine nur reicht vollkommen,
Denn Deine Seele hat es unterschrieben,
Bevor sie auf die Erde kam.

Nun, heute ist es soweit,
Die Taten folgen zu lassen.
Wir fordern Deine Entscheidung ein.

Sei das, was Du wirklich bist:
Unser Bruder, unsere Schwester,
Ein Aspekt Gottes auf Erden.

Wir rufen Dich auf:
Nimm Deinen Platz ein,
Den Du dir ausgesucht hast vor Zeiten.

Nimm ihn ein
Und fülle ihn aus.
Als Gott unter Göttern auf Erden.

Ich Bin der Ich Bin

Weißt Du jetzt, wer Ich Bin?
Meiner Berührung hast Du nicht widerstanden.
Ich Bin Du, der durch Mich zu Dir spricht!

Mein Segen sei mit Dir
Auf allen Deinen Wegen
Zu allen Zeiten, in allen Dimensionen.

Meine Gotteszelle tief in Dir,
Die den Funken Meiner Selbst bewahrte,
Wird jetzt durch Mich aktiviert.

Alle Deine Zellen,
Alle Deine Körper und alles, was Du bist,
Ist durchstrahlt mit Meiner Essenz.

Nie mehr sollst Du vergessen,
Wer und was Du bist.
Die alten Zeiten sind vorbei. Die neue Zeit ruft.

So lass meinen Willen geschehen,
Deine Seele jubiliert schon.
Freiheit ist ihr Ruf. Freiheit ist ihr Ton.

Ich Bin Du. So ist es.
Du bist Ich. So sei es.
Ich Bin der Ich Bin.

Informationen zu den Engeln und Meistern

Eine der sehr guten Quellen zu den Engeln und Meistern sind die Bücher und Karten von Jeanne Ruland und Iris Merlino.
Hier finden sich in knapper und trotzdem ausführlicher Darstellung Informationen zu den Engeln und Meistern.

Quellennachweis

a) Bilder
Cover, Seiten 4, 21, 27, 67 (bearbeitet)
Nutzungslizenzen erworben bei Istockphoto USA

b) Seiten 106ff. – „Erzengel Michael"
LM-4-2007 - Archangel Michael messages of love and inspiration as transmitted through Ronna Herman (www.ronnastar.com). Mit Genehmigung von Ronna Herman, USA.

Logbucheintrag

Danke allen, die direkt oder indirekt an diesem Buch mitgewirkt haben.
Danke all denen, die mir in meinem Leben die Gelegenheit gegeben haben, zu lernen und zu wachsen.
Vielen Dank denen, die mich ausgebildet, mich geliebt und mir vertraut haben.
Danke auch denen, die es nicht gut mit mir gemeint haben, denn sie haben mir besonders geholfen.
Danke den himmlischen Mächten und geistigen Weggefährten für Geleit und Schutz auf meinen Wegen.
Ich danke meiner Frau und meinem Sohn für Ihre Liebe in allen Situationen.
Danke dem Universum und dem Leben für die Möglichkeiten, die in mir sind.
Ich danke dem Schöpfer von allem was ist für mein Sein, mein Ich Bin.

Im Internet unter
www.julienblanc.eu

❖

Internet-Empfehlung:
www.daseinegebot.de